史學研究叢書・歷史文化叢刊

北魏前期叛亂研究

董剛　著

序言

　　歷史學界一直以來對於北魏叛亂史的研究，大多數集中在王朝的後期，尤其是北魏孝明帝繼位以降的六鎮兵亂、關隴起事被關注與剖析頗多——因為正是這些大型叛亂事件的發生最終促成了魏王朝的滅亡。相較而言，北魏著名的漢化君主孝文帝遷都洛陽以前一段時期（即本書界定之「北魏前期」）的王朝叛亂狀況，則少有人投以注視的目光。這就造成後人在審視北魏前期的相關史實及其政治、社會影響時，難免地為一團團迷霧所重重包圍。作為一種歷史現象，王朝叛亂在宏觀上必然有著它生發、變化的前因後果，它不可能突然出現而又憑空消失。有鑒於此，本書作者在撰寫書稿之前首先對於北魏前期的叛亂史料作了一次全面梳理，輯出這一〇七年間（西元386-493年）的共計一二一次叛亂事件，並以上述史料為中心，系統考察了北魏前期叛亂史的整體情況。

　　由於這是一個較長階段的叛亂史，叛亂事件當中透露的信息實質上是魏王朝建立以來相繼出現了何種政治矛盾的最直接映射。而政治矛盾的動態發展又必然引起統治集團在政策層面上作出相應不斷的調整與反饋。故此，北魏前期百餘年的叛亂史走向實質上與其上層政治轉型的脈絡可謂一個事物的兩面，二者同條共貫、互為表裡。本書圍繞由叛亂史所揭櫫的拓跋鮮卑部內矛盾、拓跋氏與治下非其「國人」之胡族的矛盾，以及廣土眾民中的鮮—漢矛盾所牽動的三條叛亂演進線索，力圖在觀察北魏這樣一個由鮮卑拓跋氏遊牧部族建立的、第一個成功統治中原超過百年的非漢族王朝在應對治下叛亂時如何認識自身與他者、如何調整其作為統治者的角色的動態歷程的基礎上，去更

進一步地觸摸內中的歷史實質，並為魏晉南北朝諸族群怎樣在歷史進程中最終融合進一個再造的統一華夏國家這個傳統命題，提供一份自己的新解讀與新思索。

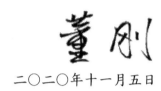

二〇二〇年十一月五日

目次

附表

緒論

　　漢語界的權威辭書《漢語大詞典》對「叛亂」有這樣的解釋：
「背叛作亂。多指武裝叛變。」[1]在歷史範疇內，我們由此可以將
「叛亂」的內涵進一步闡發為：一種發動者主要通過暴力形式反對原
先對其擁有支配權力的政權或組織的行為。使用「叛亂」一詞的原因
以及它所代表的立場，由於中古史學界現今對此專題興趣不彰，所作
的學理性解釋似罕得見，筆者斟酌之後選擇借助劉平《文化與叛
亂——以清代秘密社會為視角》一書對叛亂概念所作的辨析以為解
答。是書通過比較日本、西方史學界在描述此類事件上多個用詞的區
別，認為用「叛亂」一詞來涵括這一類的行為相對而言較為恰當。因
為它帶的感情色彩較少，具有強中立性。[2]筆者同意這個見解，本研
究所使用的「叛亂」是一個客觀的描述性概念，它適用於北魏時期的
古代世界，在語用上則屬於中性詞，其本身並不附著有價值評斷方面
的任何褒貶意味，這是在開篇需要說明的。

　　伴隨我國源遠流長的古代歷史，形形色色的叛亂事件總是出現在
不同的王朝文獻記錄之中。關於這類社會現象，古代士大夫階層或簡
單地誣之以「造反」，中華人民共和國建立以後的某一段時期則多以
「地主階級內部鬥爭」、「農民起義」等性質對其進行一股腦的歸類和

1　羅竹風主編，上海市：上海辭書出版社，2008年。
2　劉平：《文化與叛亂——以清代秘密社會為視角》（北京市：商務印書館，2002年），
　　頁7-8。劉氏在文中指出西方史學界主要使用與中文「叛亂」大致對當的rebellion或
　　相近的revolt，日本史學界主要使用「『反叛』、『叛亂』二詞」。後者可能經過中文翻
　　譯，原詞似應為「反亂」或「叛亂」，假名皆作はんらん。

評斷。筆者認為,針對歷史上的叛亂現象作道德或政治屬性的討論純然是歷史研究的一個方面無疑,但這並未窮極叛亂史本身的價值。一個王朝的叛亂史料在很大程度上可以勾畫出正史話語體系較少觸及的社會細節乃至宏觀政治矛盾的走向,對這些史料進行整體的歸納與分析也就有其意義和必要性。本書的旨趣即不在於對叛亂史中的各種具體事件進行褒貶的工作,而是試圖通過系統地考索「叛亂」這一最為直接的政治訴求,來窺探北魏時代社會面貌之一斑以及政治史的開端與演進歷程。

第一節　問題的提出

北魏是一個崛起於西元四世紀末的華夏式王朝,它也是中國歷史上第一個成功統治華夏文明的中原腹地及廣大北中國區域超過一個多世紀的少數族政權。本書研究的是北魏道武帝拓跋珪建國以來,直到孝文帝拓跋(元)宏遷都洛陽之前的一段叛亂史。這段歷史起於西元三八六年,終於西元四九三年,長達一○七年時間,也即本書界定的北魏前期歷史。眾所周知,北魏的政治演進以孝文帝遷都洛陽為界,鮮明地展現出兩種不同特點的時代風貌,有關這個王朝的叛亂史研究,歷來多集中於其統治後期。類似的專題有六鎮兵亂、秦隴起義、邢杲起事等,學術界在這裡匯聚了為數不少的論著,得出了大量的成果。可以說,北魏後期叛亂內涵的剩義已經難以挖掘了。然而學界對孝文帝遷洛以前的叛亂歷史,卻一向措意甚少,這大抵是以下幾個原因造成的:一、北魏前期罕有性質嚴重的叛亂,絕大多數的叛亂事件從孤立的視角來看,一般無法危及到拓跋氏的統治根基。二、北魏前期的叛亂事件大多持續時間很短,在拓跋鮮卑強大的武力面前往往迅速敗亡,這使得我們很難探查到各類叛亂事件之間的內在關聯。三、有關北魏前期叛亂的描述往往極為簡略,多數時候祇有一句話的記

錄，甚而有短至寥寥數字之例，這使得我們往往難以看清其中的細節，發掘出相應的歷史內涵。

然而正因為這種困難和研究的缺失，才增進了我們對其進行深入發掘的必要性與迫切性。我們較容易觀察到的，如北魏前期叛亂中突顯出統治矛盾中的部內矛盾、鮮卑與被征服之其他胡族的矛盾、以及鮮─漢矛盾分別是如何產生的？這些矛盾在以後百年的歷史中，其存在、互動與流變的情況又是怎樣的？這些矛盾與北魏前期最後一位皇帝──孝文帝的遷都之舉是否存有內在聯繫？諸如此類，都是尚待解答的問題。

另一方面，其實上述研究中的潛在困難也並非沒有解決的辦法，我們完全可以透過對《魏書》、《北史》、《資治通鑑》等載籍中北魏前期叛亂史料的窮盡性爬梳和整理，在此基礎上參以文獻系聯、互證、數理統計等研究方法，並始終結合顯性層面的北魏政治發展歷程，達到在整體、系統層面上考察這段歷史的目的。

既然研究的方法有了一定的解決之道，那麼研究它的意義何在呢？筆者認為，叛亂事件的發生，是我們觀察某種政治、社會力量表達其政治訴求的最直接、準確的形式。將單一、孤立的政治訴求放在宏觀的王朝歷史中觀察，不免缺乏相應的價值。然而當我們把某一時期所有的叛亂事件全都置於一個動態系統中予以細緻的歸納和剖析，其結果就會大為不同。實質上學界對北魏後期叛亂史的研究，如六鎮起事等，即是因六鎮亂源廣泛、史料甚夥，才獲得了不少有益的成果。北魏前期的叛亂個案雖然鮮有如六鎮之規模與影響者，然而通過基於前期總體豐富史料的宏觀視野進行考察，我們也可以獲得與後期叛亂相類似的發現。建立在大量叛亂事件上的歷史線索，將有助於我們探知北魏前期歷史發展的各種細節，深入瞭解拓跋魏獨特的立國政治環境及其面對的複雜統治矛盾，並隨時代演進見證這些矛盾的消長與分合。本書的意義也就在於，一、它是北魏政治史與社會史的有益

補充。對北魏前期叛亂史的研究至今尚未有過專書，叛亂史同樣是政治、社會史之中有機的組成部分，將北魏前期叛亂納入研究視野，彌補了過去學界在這一環節的缺失，它有利於我們加深對北魏一朝歷史的認識。二、它能為民族史研究提供重要素材。拓跋魏統治的時代正值中國北方族群矛盾紛擾不休之際，這樣的歷史背景使得北魏前期的叛亂中不斷閃現著諸如盧水胡、丁零、山胡、高車、匈奴、氐、羌等大量胡族的身影，本書對這類叛亂史料的窮盡性搜集與分析，將使民族史研究者在北朝的族群問題上獲得一定的借鑑，並可以此為基礎展開更為深入的探索。三、它有助於我們解開孝文帝後期遷都的謎團，為這一現象提供一個有著歷史廣度與深度的理性解釋。孝文帝的遷都之舉與北魏前期各種統治矛盾的消長有著內在關聯，研究這一長時段的叛亂史可使我們有力地把握這種歷史脈絡的生成與演變，並在大量史證的基礎上最終為孝文帝的遷都找出一個具有說服力的解釋，這也是對歷來北魏孝文帝研究這一主題的豐富與深化。此外，北魏前期叛亂研究的成果還可以用來和北魏後期的叛亂進行比較，它有利於揭示這個王朝前、後期政治發展中包藏著的各類矛盾內涵的分合與轉化，從而在另一個層面推動我們對北魏後期政治史的研究。

第二節　學術史回顧

有關北魏叛亂史的研究成果，歷來成就不甚多，而主要集中在中華人民共和國成立以後。一九四九年後對北魏時期叛亂史關注程度的加強，主要由於這其中很大一部分亂源涉及中國封建社會的農民戰爭問題。農民戰爭問題在二十世紀五〇至七〇年代期間曾是大陸史學界的「五朵金花」[3]之一，堪稱當時的熱點。圍繞著北魏時期（尤其是

3　「五朵金花」分指中國古代史分期問題、中國封建土地所有制形式問題、中國封建

遷都洛陽以後）的各種叛亂事件，史學界在當時曾普遍地以農民起義
的考察範式對其做過一系列的研究。進入二十世紀八○年代以後，史
家除了繼續上一時期農民戰爭問題的討論外，已開始注重對叛亂史的
個別史實進行查漏補闕性質的考訂工作。再至二十世紀九○年代中期
以降，有關北魏一朝的叛亂史研究呈現出視野更為廣闊、方法更為多
樣、內涵更為豐富與深化的特點，從而有力地推動了學術界對這一領
域認識的完善與拓展。除此以外，日本學者自二十世紀三○年代以來
也對北魏叛亂史有過相應的考察，其中不乏有益的發現，這是有關學
術成就的另一個來源。由於以中國學界為主體的北魏叛亂史研究狀況
呈現出較為鮮明的時代特徵，筆者據此在下文分別以「二十世紀八○
年代以前」、「二十世紀八○年代至九○年代中期」、「二十世紀九○年
代中期以後」三個階段對這一主題的學術前史進行回顧。

一　二十世紀八○年代以前

　　筆者查閱到在學術論著中較早注意北魏叛亂史的是日本學者塚本
善隆，其人在二十世紀三○年代發表了〈北魏の佛教匪〉[4]一文，文
章針對北魏時期包括僧人、世俗佛教信徒在內的佛教群體叛亂現象進
行了考察，其中涉及多例沙門起事的史實。作者並注意將佛教徒叛亂
與佛教思想中的彌勒、月光菩薩信仰等因素結合審視，在研究視野上
具有一定的開拓性。此後，涉及北魏宗教叛亂相關的研究還有砂山稔
所作《李弘から寇謙之へ──西曆四・五世紀における宗教的反亂と

社會農民戰爭問題、中國資本主義萌芽問題、漢民族形成問題。參見《歷史研究》
編輯部撰《建國以來史學理論問題討論舉要》（濟南市：齊魯書社，1983年）。

4　原刊《支那仏教史學》第3卷第2號（1939年），收入氏著《支那仏教史研究》北魏
篇（東京市：弘文堂，1942年）。

國家宗教》[5]，唯其專注點轉移至道教叛亂之上。就政治叛亂研究而言，船木勝馬曾以北魏初期明元帝時代為斷限，發表有〈北魏太宗朝の諸反亂について〉[6]一文，較全面地統計和梳理了明元帝時期的叛亂事件，並嘗試對叛亂個案進行時間與空間上的聯繫，且作有一定的分類考述。谷川道雄則關注北魏末期，撰〈北魏末の內亂と城民（上）北魏末の內亂と城民（下）〉兩文[7]，較為細緻地探討了魏末內亂與北魏駐防體系中「城民」之間的聯繫。在中國方面，對北魏叛亂史較早進行史實考訂與史觀闡發的當推唐長孺、黃惠賢兩位學者。他們在二十世紀六〇與七〇年代相繼合著了〈試論魏末北鎮鎮民暴動的性質——魏末人民大起義諸問題之一[8]、〈北魏末期的山胡敕勒起義——北魏末期人民大起義研究之二〉[9]、〈二秦城民暴動的性質和特點——北魏末期人民大起義研究之三〉[10]三篇論文，較為全面地梳理了北魏末期北鎮、河東、關隴諸地的叛亂記錄，復原、描繪了相應歷史時期社會叛亂的廣域形勢與外在表徵。在此基礎上通過分析叛亂來源的內部結構，重點探討諸叛亂在性質上究竟屬於反抗階級壓迫的階級鬥爭、統治階級內部鬥爭，抑或帶有強烈民族性之民族鬥爭的問

5　日本東北大學中國文史哲研究會編：《集刊東洋學》第26號（1971年）。

6　鈴木俊先生古稀記念東洋史論叢編集委員會編：《鈴木俊先生古稀記念東洋史論叢》（東京市：山川出版社，1975年）。該文有中譯，參考氏著，古清堯譯：〈北魏太宗朝的諸叛亂〉，《民族譯叢》1987年第1期。

7　日本史學研究會編：《史林》第41卷第3號（1958年）；史學研究會編：《史林》第41卷第5號（1958年）。兩篇文章有中譯，參考氏著，夏日新譯：《北魏末的內亂與城民》，收入劉俊文主編，夏日新、韓昇、黃正建等譯：《日本學者研究中國史論著選譯》第四卷〈六朝隋唐〉（北京市：中華書局，1992年），頁134-171。魏末城民的相關研究，不專主叛亂視角者還有唐長孺〈北魏南境諸州的城民〉（收入氏著《山居存稿》北京市：中華書局，1989年）的討論。近年范兆飛亦發表〈魏末城民新考〉（《中華文史論叢》2014年第1期）一文，對前輩學者的觀點作了新的補充和修正。

8　《歷史研究》1964年第1期。

9　《武漢大學學報》1964年第4期。

10　《武漢大學學報》1979年第4期。

題，系列文章最終得出這類叛亂中階級鬥爭因素強過其餘因素的論斷。唐、黃二先生的前兩篇文章面世後，引發了萬繩楠的討論，他在《史學月刊》一九六四年第九期發表了題為〈魏末北鎮暴動是階級鬥爭還是統治階級內部的鬥爭〉的文章。萬繩楠通過對大量北魏暴動領袖的階級出身、暴動原因、暴動表現等因素進行分析，認為北鎮暴動的實質是北魏統治階級的內部鬥爭，並進一步斷言北鎮暴動是對孝文帝漢化的反動[11]，暴動以後由北鎮勢力為領導主幹的北齊社會「不僅看不到有什麼進步，反而在很多方面，較之後魏都有逆轉」。這一新觀點與前者形成了爭鳴，並產生了較大影響。這一時期主要還有楊耀坤的〈北魏末年北鎮暴動分析〉[12]和劉精誠的〈論北魏末年六鎮鎮民暴動的性質〉[13]兩篇文章也對該問題進行過探討，二人的觀點基本與上引唐長孺等相似，重點闡述暴動中的階級性，將魏末暴動劃入農民戰爭的範疇。此外，與前述研究者關注的北魏時段不同，柳春藩於一九五七年發表了〈北魏初期各族人民的反壓迫鬥爭〉[14]一文，首度對北魏前期的各族叛亂史料進行了較為全面的搜羅與整理，並進行了簡單歸類和相應述評。儘管因寫作年代較早，研究思路仍舊停留在民族、階級鬥爭的框範內，且作者當時的意圖僅「供作歷史教學的參考」，但建立在宏觀叛亂史上的草創之功是顯而易見的。惜乎柳文發表以後，很長一段時間內未見其他學者在北魏前期的叛亂領域繼續進行研究，因此這一論題實質上處於擱置的狀態。

---

11 陳寅恪：《隋唐制度淵源略論稿》（北京市：中華書局，1963年）的〈兵制〉章節曾提出：「北魏晚年六鎮之亂，乃塞上鮮卑族對於魏孝文帝所代表拓跋氏歷代漢化政策之一大反動，史實甚明，無待贅論。」《陳寅恪魏晉南北朝史講演錄》（貴州市：貴州人民出版社，2007年4月）第十七篇〈六鎮問題（附魏齊之兵）〉同樣有類似表述。萬繩楠在此文中的議論應可視為對其師觀點的繼承與進一步闡發。

12 《歷史研究》1978年第11期。

13 《中國農民戰爭研究集刊》1979年第1期。

14 《史學月刊》1957年第11期。

二 二十世紀八○年代至九○年代中期

　　進入二十世紀八○年代以後，學界在北魏叛亂史的研究範疇上既有繼承，也有創新的一面，唯其幅度不大。朱大渭在二十世紀八○年代初發表了〈北魏末年各族人民大起義若干史實的辨析〉[15]，一方面延續上一時期農民起義的研究論調，另一方面實已開始對魏末叛亂的一些史料進行較為客觀的辨析和考訂。朱大渭、張澤咸還撰有《魏晉南北朝農民戰爭史料彙編》[16]，對北魏時期的農民起義史料作了一次整體的採輯與歸納工作，客觀上為北魏叛亂史的研究提供了重要素材。這一時期學界的新現象，還有針對北魏前期叛亂史研究力度的加強。如馮君實在一九八三年作有〈北魏前期各族人民的反抗鬥爭〉[17]，雖然研究內容和前述柳春藩的文章重合度較高，但也有進一步的發展，如首度統計了北魏前期的叛亂次數「約有九十七次之多」，對前期叛亂勢力及其影響的分析也顯得更為細緻、具體。

　　這時期還出現了傾力於北魏前期某項叛亂專題的一批新研究成果。如以太武帝時期的蓋吳起義為中心，相繼有盧開萬《〈魏書・陸俟傳〉所載蓋吳之死辨疑》[18]、施光明《北魏蓋吳起義及其性質初探》[19]、楊富華《論北魏初期的蓋吳起義》[20]系列論文面世。然而由於時代的關係，三篇文章的考辨範圍大致不出蓋吳起義的歷史細節及蓋吳起義對北魏統治階級的撼動等範疇。以正當孝文帝遷都洛陽之際的支酉起義為中心，則有高敏所作的〈北魏孝文帝太和年間北地支酉

---

15 原刊《中國農民戰爭史論叢》第三輯（1981年），文章亦收入氏著《六朝史論》（北京市：中華書局，1998年）。
16 北京市：中華書局，1980年。
17 《東北師範大學學報》（哲學社會科學版）1983年第3期。
18 《魏晉南北朝隋唐史資料》第4輯（1982年）。
19 《寧夏教育學院銀川師專學報》（社科版）1991年第3期。
20 《漢中師院學報》（哲學社會科學版）1993年第4期。

起義考略〉[21]一文。該文利用《魏書》、《南齊書》等不同史料進行互參，對過往支西起義事件中的一些隱晦史實進行了勾稽，從而豐富了學界對支西起事發展過程的整體認識。

三　二十世紀九〇年代中期以後

二十世紀九〇年代中期以降至今是北魏叛亂史研究快速發展的時期，不論是研究視野、研究方法，還是研究內涵均有較大程度的擴展、豐富與深化。這時期出現了以不同視角考索這段歷史的著述，其中戴衛紅的〈蓋吳起義與關中地方行政體制變革〉[22]一文表面上仍是承續二十世紀八〇年代的蓋吳研究專題，實則不然，戴文注意利用唐宋地理著作《元和郡縣圖志》、《長安志》、《太平寰宇記》等材料所述關中地區多個護軍機構在太武帝時期的廢止記錄，並結合《魏書》所載蓋吳活動的地理範圍，較為深入地比對了起義前後關中一帶地方行政建制的變化，最終得出蓋吳起義深刻改變了此後北魏關中地區的行政體制這一結論。作者將叛亂史與北魏地方行政體制的演變這二者結合起來進行考察，具有較大的開拓性與啟迪意義。何德章〈北魏太武朝政治史二題〉[23]的其中一題即是重點討論太武帝時期的部內重臣劉潔與宗室諸王聯合謀叛的事件，作者結合北魏前期的宏觀歷史形勢對該事件進行了深入分析，揭示了劉潔之叛後太武帝在部內與漢化政策上的轉向問題。而劉軍的〈北魏宗室外鎮述論〉[24]、〈論北魏對出鎮宗室的監控措施〉[25]兩篇論文則注目於北魏中央針對出鎮宗王的監控體

21　《文史哲》1994年第6期。

22　《中國史研究》2009年第3期。

23　原刊《魏晉南北朝隋唐史資料》第17輯（2000年），收入氏著《魏晉南北朝史叢稿》（北京市：商務印書館，2010年11月）。

24　《蘭州學刊》2009年第4期。

25　《山西師大學報》（社會科學版）2013年第1期。

制。作者通過研探，認為北魏朝廷[26]主要通過「壓縮方鎮轄區、縮短長官任期、委派軍副分權、利用軍佐制衡、設置行臺布控、差遣使者督責及扣留人質防範」七個方面成功地對出鎮諸王實行管控，致使後者發動叛亂的可能性大為降低。文章同時分析了北魏史上為數不多的幾起宗王叛亂事件，指出其總體表現為持續時間短、規模小且威脅有限，與同時期南朝宗室內戰的頻發相比形成了鮮明反差。孔毅〈北朝後期六鎮鮮卑群體心態的演變〉[27]嘗試運用社會心理學理論對六鎮暴動前後鮮卑群體的社會意識進行探索。文章認為鮮卑民族的進步是與其心理素質同步進行的，當其整體演進受到社會區隔與壓抑時，潛意識中的抵抗情緒便由此釋放出來，造成了發展中的反覆。直至共同文化心理中的遷怒心態出現消釋，北朝後期的民族融合進程方能由此宣告完結。赫飛〈試論賜復胡姓與六鎮起義的關係及其意義〉[28]主要著力於對比六鎮起義後的「賜復胡姓」運動與六鎮勢力社會地位的變遷，認為賜復胡姓雖然是當時社會胡化回潮的反應，但它實質上是對以北魏孝文帝為代表的過度漢化政策所進行的一定調整。它有利於提高之前已被嚴重壓抑的少數族文化與地位，從而在一定程度上促進了民族平等，為之後作為民族融合完成形態的隋唐社會打下基礎。此外的研究還有姚波〈六鎮問題與北魏的滅亡〉[29]、胡玉春〈北魏六鎮起義的原因和啟示〉[30]、薛海波〈北魏末年鎮民暴動新探——以六鎮豪強酋帥為中心〉[31]等，分別從北魏地方軍鎮體制、軍鎮解體因素、北鎮酋帥的內部類型分析等方面將六鎮叛亂的研究內涵進一步細緻化，由此在

---

26 為行文簡便，本書參考近現代稱呼清政權為清廷的用法，有時會將「北魏朝廷」省稱為「魏廷」，二者的所指一致。

27 《重慶師院學報》（哲學社會科學版）1999年第2期。

28 《承德民族師專學報》2009年第4期。

29 《重慶科技學院學報》（社會科學版）2010年第11期。

30 《內蒙古社會科學》（漢文版）2011年第3期。

31 《文史哲》2011年第2期。

前人基礎上獲得了一定的新成果。薛海波還作有〈論北魏末年的邢杲暴動〉[32]，從魏末歷史的宏觀背景去考察邢杲起事所引起的一系列政治連鎖反應，從而豐富了過去邢杲研究中單純的「土客矛盾」論題。

除此以外，一些學界的論著雖未對北魏的叛亂歷史展開過專門探討，但在議論中實際已涉及這些層面，這類研究成果同樣值得關注。

如論文方面，唐長孺〈魏晉雜胡考〉[33]、周一良〈北朝的民族問題與民族政策〉[34]重點探討了魏晉以降至北朝時期社會的民族問題與政府對策，其中關於民族矛盾與民族間武裝衝突（主要是胡族）的論述即與北魏的叛亂史存有內在關聯。陳開穎的博士論文《性別、信仰、權力——北魏女主政治與佛教》[35]主要致力於北魏的強勢女主文化及其與佛教之關係的探索。文章同時注意到孝文帝初期沙門法秀叛亂事件的政治內涵，並通過對獻文帝的崇佛習慣、與法秀叛亂事相牽涉的多名北魏高官以及作為叛亂潛在基礎的平涼戶、平齊戶居民等多方因素的關聯性考察，發掘出法秀叛亂事件實為獻文帝曾經信重的沙門勢力對執政女主（文明太后）所進行的一次政治反擊。平涼、平齊戶等漢族人群則因為政治失意與人身關係上淪為僧祇戶的原因，同樣捲入了這次叛亂。王慶憲的〈拓跋燾鞏固北魏政權的內外政策措施〉[36]一文則對北魏太武帝時期的統治政策多加措意，其中亦論及該時期極其嚴重的叛亂態勢對太武帝政策的影響。但文章將這種影響籠統地歸結為「親巡民間、減免租賦、整頓吏治」等一般性的行政安撫措施，在解讀程度上尚欠深化。又，張金龍〈北魏孝文帝對保守勢力的鬥爭和籠絡〉[37]是一篇側重觀察分析孝文帝遷都過程中鮮卑內部改革派、中

---

32 《齊魯學刊》2011年第5期。

33 收入氏著《魏晉南北朝史論叢》（石家莊市：河北教育出版社，2002年）。

34 收入氏著《魏晉南北朝史論集》（北京市：北京大學出版社，1997年）。

35 鄭州市：鄭州大學歷史學院2012屆博士學位論文。

36 《內蒙古大學學報》（人文社會科學版）2001年第1期。

37 《東岳論叢》2012年第8期。

間派、保守派諸政治派別的政治心理及其行動的文章，在論述中亦提及孝文帝對保守派的分化與籠絡問題。文章指出保守派發動叛亂以後，孝文帝並未一概打擊，而基本採取了「嚴懲首惡、籠絡大眾」的原則，使保守勢力內部也出現了向遷都政策傾斜的分流力量。

著作方面，朱大渭主編的《中國農民戰爭史‧魏晉南北朝卷》[38]將研究重點放在魏晉南北朝時期的各種農民起義事件上，實則農民起義所占北魏叛亂源頭的比重同樣不小，這本質上亦可視為對叛亂史研究的一種推進。田餘慶《拓跋史探》[39]、李憑《北魏平城時代》[40]均對北魏道武帝以來的「子貴母死」制度與其所反映的拓跋氏部內矛盾進行過研究，李氏並進一步將該制度與北魏前期由清河王紹發動的部內叛亂相聯繫，對後來的研究者具有較大啟發。張金龍近年的著作《北魏政治史》[41]篇幅宏闊，作者在敘述北魏諸帝統治時期的內政章節部分，對當時的叛亂情形往往也作有一定的記錄並配有叛亂圖表。除此而外，是書對一些具體的叛亂事件也常有評述，作為一部論述北魏時期的政治通史，其對叛亂專項的關注是難能可貴的。

總的來看，目前尚未存在以北魏前期一百餘年間的叛亂歷史為主題，對叛亂史與宏觀政治、社會演進之互動關係進行長程考察的學術論文或專著，因此加強這一方面的研究也就有其必要的價值與意義。

第三節　研究思路與方法

北魏前期的叛亂史特點是事件繁多，卻往往因細節缺乏而流於瑣屑。因此盡可能最大化地利用現有史料進行鉤沉、索引、拼綴的工

---

38 北京市：人民出版社，1985年。
39 北京市：生活‧讀書‧新知三聯書店，2003年。
40 北京市：社會科學文獻出版社，2000年。
41 蘭州市：甘肅教育出版社，2008年。

作，以便保持歷史事件豐富的優點、彌補敘述細節不足的缺失就成了本書研究中的關鍵任務。有鑒於此，筆者擬借助《魏書》、《北史》、《資治通鑑》、《宋書》〈索虜傳〉、《南齊書》〈魏虜傳〉等現存傳世文獻的支持[42]，對北魏前期叛亂史料（西元386-493年）進行窮盡性的逐條摘輯，並依諸帝在位次序及年份進行編次，且於年份下附列來源於諸書的叛亂記錄，在匯合上述叛亂史料的基礎上展開進一步的研究。輯錄樣式如下：

高祖孝文帝元宏

太和四年至五年（西元480年10月至481年4月）
《魏書》〈高祖紀上〉：
（太和四年）冬十月……蘭陵民桓富殺其縣令，與昌慮桓和北連太山群盜張和顏等，聚黨保五固，推司馬朗之為主。詔淮陽王尉元等討之。
《魏書》〈列傳〉：
薛虎子（代）[43]

 　　（虎子）姿貌壯偉，明斷有父風。年十三，入侍高宗。太安中，遷內行長，典奏諸曹事。當官正直，內外憚之。及文明太后臨朝，出虎子為枋頭鎮將。虎子素剛簡，為近臣所疾，因小過黜為鎮門士……

---

42 北魏時期的墓志銘等金石碑刻、拓片現存不少，本可作為叛亂史料的輔助來源，但其中的多數刻於孝文帝遷洛以後，因此北魏前期的叛亂史事記錄也就相應寥寥。筆者檢核趙萬里：《漢魏南北朝墓志集釋》（北京市：科學出版社，1956年）、趙超：《漢魏南北朝墓志彙編》（天津市：天津古籍出版社，1992年）二書，發現僅有《魏故比丘尼統慈慶墓志銘》提及「值懸瓠鎮將汝南人常珍奇據城反叛，以應外寇」一例發生在北魏前期，因此限於時代差異，金石材料對本書的研究作用並不明顯。

43 括號內的「代」指其籍貫為代郡，因叛亂事件中的相關人物往往與地域存在一定關聯，所以輯錄原始資料時均注明其所在，以便筆者查閱和分析。下文所列輯錄資料人名後的括號內信息均仿此。

太和二年，襲爵。三年，詔虎子督三將出壽春，與劉昶南討。四年，徐州民桓和等叛逆，屯於五固。詔虎子為南征都副將，與尉元等討平之。

《資治通鑑》〈梁紀〉：

太祖高皇帝建元二年（庚申、四八〇）至三年（辛酉、四八一）

四八〇

冬十月……淮北四州民不樂屬魏，常思歸江南，上多遣間諜誘之。于是，徐州民桓標之、兗州民徐猛子等所在蜂起為寇盜，聚眾保伍固，推司馬朗之為主。魏遣淮陽王尉元、平南將軍薛虎子等討之。

四八一

夏四月……桓標之等有眾數萬，塞險求援；庚子，詔李安民督諸將往迎之，又使兗州刺史周山圖自淮入清，倍道應接。淮北民桓磊魄破魏師於抱犢固。李安民赴救遲留，標之等皆為魏所滅，余眾得南歸者尚數千家；魏人亦掠三萬餘口歸平城。

太和五年（西元481年2月）

《魏書》〈高祖紀上〉：

（太和五年）二月……沙門法秀謀反，伏誅……三月……詔曰：「法秀妖詐亂常，妄說符瑞；蘭臺御史張求等一百餘人，招結奴隸，謀為大逆，有司科以族誅，誠合刑憲。」

《魏書》〈列傳〉：

崔僧祐（清河）

（慕容）白曜圍東陽時，表請景徽往喻僧祐，乃歸降。白曜送之，在客數載，賜爵層城侯。與房法壽、畢薩諸人皆不穆。法壽等訟其歸國無誠，拘之歲餘，因赦乃釋。後坐與沙門法秀謀反，伏法。

王亮（自云太原晉陽）

（王）魏誠弟亮……承明初，擢為中散。告沙門法秀反，遷冠軍將軍，賜爵永守侯，加給事中。

于烈（代）

長子烈，善射，少言，有不可犯之色……仍以本官行秦雍二州事。遷司衛監，總督禁旅。從幸中山，車駕還次肆州，司空苟頹表沙門法秀玄惑百姓，潛謀不軌，詔烈與吏部尚書（闕）丞祖馳驛討之。會秀已平，轉左衛將軍，賜爵昌國子。

苟頹（代）

苟頹……性厚重少言，嚴毅清直，武力過人。擢為中散，小心謹敬……三年，遷征北大將軍、司空公，進爵河東王。以舊老，聽乘步挽，杖於朝。大駕行幸三川，頹留守京師，沙門法秀謀反，頹率禁衛收掩畢獲，內外晏然。駕還飲至，文明太后曰：「當爾之日，卿若持疑不即收捕，處分失所，則事成不測矣。今京畿不擾，宗社獲安者，實卿之功也。」

《南齊書》〈魏虜傳〉：

宏太和三年[44]，道人法秀與苟兒王、阿辱瑰王等謀反，事覺，囚法秀，加以籠頭鐵鎖，無故自解脫，虜穿其頸骨，使呪之曰：「若復有神，當令穿肉不入。」遂穿而殉之，三日乃死，偽咸陽王復欲盡殺道人，太后馮氏不許。

《資治通鑑》〈梁紀〉：

太祖高皇帝建元三年（辛酉、四八一）

二月……沙門法秀以妖術惑眾，謀作亂於平城；苟頹帥禁兵收

---

44 按法秀之亂《魏書》〈高祖紀〉繫其事於太和五年，列傳諸人事蹟亦可作輔證，《資治通鑑》應是據此從之。《南齊書》〈魏虜傳〉記為三年，蓋是敵國傳信致訛，筆者錄入一仍其舊。

掩，悉擒之。魏主還平城，有司囚法秀，加以籠頭，鐵鎖無故
自解。魏人穿其頸骨，祝之曰：「若果有神，當令穿肉不入。」
遂穿以徇，三日乃死。議者或欲盡殺道人，馮太后不可，乃止。
三月……魏法秀之亂，事連蘭臺御史張求等百餘人，皆以反，
法當族。尚書令王睿請誅首惡，宥其餘黨。乃詔：「應誅五族
者，降為三族；三族者，門誅；門誅，止其身。」所免千餘人。

通過綜合編次不同來源、不同時期的史料，可以最大限度地豐富
每起事件中所透露出的信息量和時代關聯，從而有助於研究者對北魏
一朝的叛亂形勢產生一個較為直觀、動態且全面的認識。在此基礎
上，我們可以與傳統、表層的北魏前期政治發展史互相參考、發覆，
再輔以自然科學的數理統計方法，對所輯出的大量叛亂事件進行分
析，諸如各時期的總體叛亂烈度、各類亂源所占的叛亂比重、發生頻
次、叛亂形勢的演變趨向等均可由此得到客觀量化的展現。

基於叛亂史、顯性的政治史、叛亂數理統計三類研究方法的綜合
運用與轉相驗證，我們遂得以觀察到北魏前期叛亂史背後的各種政治
矛盾與湧動的暗流，並對其百餘年間的變化趨勢有了一個整體的把
握。筆者在這樣的思路指導下展開史料的搜集與研究，其目的即是求
得裨補前人研究中的疏失之處，進一步深化我們對北魏前期政治史與
社會史的認識。

第一章
道武帝時期：部內、胡—漢、胡— 胡三類矛盾的初現及對策的草創

　　東晉太元十一年（西元386年），也即秦晉淝水之戰發生的三年後，鮮卑拓跋氏在前秦崩潰的後十六國時代亂世中，重建了覆滅已垂十載的代國，不久改國號為魏，史稱北魏。道武帝拓跋珪即是北魏的開創者。其統治自三八六年起，止於四〇九年，持續了二十三點八年[1]時間。據筆者對史料的勾稽，這一時期共計發生了二十二次叛亂，年均頻度零點九二次。

　　面對這些數量繁多的叛亂事件，必然要進行一個分門別類的過程，這就牽涉到叛亂類型的劃分依據問題。理論上我們可以從多個角度分析叛亂源的成分——如以階級矛盾、以地理分布、以族群類別等等。就實際情況而言，在以《魏書》為主的記錄北魏叛亂事件的諸史籍中，階級矛盾表現得並不突出，當然這不能說明北魏治下不存在階級矛盾，而是這一矛盾往往為特定時期更大的族群矛盾所掩蓋。例如北魏前期屢見不鮮的胡族叛亂，總表現為旗幟鮮明的族群鬥爭，而從深層次上分析，他們的叛亂未嘗不與自身整個階層在拓跋氏治下處於極低的、被奴役的社會地位有關。又如我們從十六國後期的〈鄧太尉

1　二十三點八年是一個大致數據，係由道武帝的統治時間二十三年零九個月（西元398年1月至409年10月）得出。本書計算時間跨度精確到月份（月份在換算成年份單位時按四捨五入取小數點後一位），但未將天數及農曆的閏月情況納入，原因是北魏前期的叛亂數據總體相差較為明顯，過分細化不具備統計上的意義。下述章節遇到年限計算時亦同此。

祠碑〉、〈廣武將軍□產碑〉（立界山石祠碑）[2]和北魏後期六鎮酋豪相
關的史料記載中，可以知道當時胡族內部有領民酋長、酋大、部大這
樣的渠帥，各族還有相應的豪姓，這都說明他們的社會組織也已分
化，出現了地位和權力的區別。然而被統治的胡族內部是否也因階級
矛盾的激化而經常發生叛亂，由於作為官方系統的《魏書》、《北史》
對此缺乏興趣、著墨頗少，我們也就很難察考了。

　　如果以地理區域進行劃分，我們會發現西晉永嘉之亂後胡漢各族
的遷徙已有其涇渭分明的區隔。如太行山以東廣袤的華北平原往往是
漢族人口的聚居地，而太行山以西直至秦隴的多山地帶則主要遍布著
山胡、氐、羌、匈奴、盧水胡等胡族諸種[3]，既然連居住狀況都因為
族群屬性的不同而產生天然的地理分野[4]，則我們不如將當時確乎存

2　上引兩幢石碑銘文分別較早地著錄於清人陸耀遹《金石續編》與王昶《金石萃編》
　　中，但考訂文字存在一些錯誤。馬長壽在《碑銘所見前秦至隋初的關中部族》（北
　　京市：中華書局，1985年）的第二章結合諸家拓本與其所得新拓片，重新考釋了二
　　碑銘文，並利用傳世文獻對碑文的歷史現象作了較為詳審的解讀，可資參看。

3　據筆者統計，整個北魏前期除去部內叛亂事件，太行山以西共計四十九次叛亂中有
　　三十三點五次為胡人發動，十五點五次為漢人發動（某些叛亂事件被史書明確記錄
　　為胡漢聯合，因此存在各占零點五次的情況），二者所占比重分別為百分之六十八
　　點四（胡）、百分之三十一點六（漢）。太行山以東共計二十六次叛亂中有七點五次
　　為胡人發動，十八點五次為漢人發動。二者所占比重分別為百分之二十八點九
　　（胡）、百分之七十一點一（漢）。由此可知，太行山兩側的叛亂態勢存在著分明的
　　族群差異因素。

4　這種因族群屬性的差異而導致居住區域隨之呈現天然分隔的趨向，同樣見於當今的
　　美國社會。有學者通過對美國黑人居住模式的研究，發現黑人的居住區域基本隨時
　　代變化而持續與白人等其他族裔產生不同程度的地理隔膜，這被稱為「隔都化」
　　（Ghettoization）現象。究其原因，一般認為這是由美國黑人群體的外在特質、意
　　識形態、受教育程度、經濟狀況等多種因素造成的。詳見梁茂信：《都市化時
　　代——二十世紀美國人口流動與城市社會問題》（長春市：東北師範大學出版社，
　　2002年）；王蕾《美國城市黑人的居住模式研究（1960-1980）》，華東師範大學2009
　　屆碩士學位論文；王旭、俞悅：〈近年來美國黑人的郊區化與居住區隔離〉，《廈門
　　大學學報》（哲學社會科學版）2004年第2期。這類研究或亦有助於解釋北魏的族群
　　分布與地理區域緊密相關的現象。

在的、表現最為突出的族群類別作為劃分叛亂來源的主要依據。縱觀
北魏前期整個叛亂史的發展脈絡，這一劃分也是基本符合當時的社會
發展狀況的。因此，綜合叛亂史料，我們可以就此分析出叛亂的三種
來源，即：來自拓跋鮮卑部內的叛亂，來自漢族的叛亂，以及被鮮卑
人征服的其他胡族的叛亂。與這些亂源相應，北魏治下的部內、胡－
漢、胡－胡三類矛盾也就由此產生。

　　作為草創之君，道武帝時期政治形勢的發展有其鮮明的階段性，
根據道武朝政局的基本演變，可以將其劃分為三個不同的時期：

　　前期，以登國（西元386-395年）年號為斷。這一時期是道武帝
復國稱王，討伐代北地區的其他競爭者並初步鞏固部落聯盟的時期。
此期的叛亂單純地由部內矛盾所引發。

　　中期，以皇始、天興（西元396-403年）年號為斷。這一時期開
始的標誌性事件是道武帝出兵四十萬南伐滅燕，使北魏首次占有了晉
南的并州與山東地區富庶的河北，這標誌著拓跋氏在中原統治的開
端。領土擴展的同時也伴隨出現了胡－漢與胡－胡這一對新生的矛盾
及其叛亂，這一期的叛亂事件占了整個道武時代的絕對多數。

　　後期，以天賜（西元404-409年）年號為斷。此階段道武帝基本
停止了對外擴張，其統治逐漸穩固下來，漢、胡叛動[5]已經大為減
少；另一方面一度沉寂的部內矛盾因道武帝晚年服食寒石散而引起的
精神問題、拓跋鮮卑的部落推舉遺制與皇權的矛盾而再度突顯出來，
從而也體現在叛亂史上。下面將以上述三期為大致的時代界限，對道
武帝時期的叛亂情況作一個整體的考述與分析。

5　本書所用「叛動」一詞，係沿用自《魏書》〈陸俟傳〉：「清平之時，仍多叛動，今
　雖良民，猶以為懼。」其意與「叛亂」近似，除指涉叛亂外，它還包涵了與叛亂相
　關的動態情勢，因此在某些情況下使用該詞較能真切地描述歷史演進的形勢。

第一節　文明轉型中頻發的部內叛亂與道武帝的部內政策

　　西元三八六年正月戊申，伴隨著前秦滅亡後諸胡族國家在北方紛紛復興的浪潮，鮮卑首領拓跋珪也在牛川「即代王位，郊天，建元」，重新建立了代國。夏四月，改稱魏王。此後，道武帝拓跋珪時期發生的部內叛亂計有侯辰（西元386年5月至386年7月）、于桓（西元386年8月至386年10月）、茂鮮（西元392年3月）、醜提（西元397年2月）、附力眷（西元397年2月）、封真（西元397年2月）、拓跋意烈（西元398年1月）、賀盧（西元398年4月）、拓跋儀（西元409年8月）、拓跋紹（西元409年10月）十起，雖然在叛亂頻度上略低於後起的漢族叛亂，但其數量則占到道武朝二十二次叛亂總數的百分之四十五點五，是當時的第一大亂源。道武帝時期的拓跋魏正處在由部落酋邦向華夏王朝國家轉型的初始階段，這一時期部內叛亂的如此高發，也就印證了政權中統治矛盾的最大來源，即是拓跋鮮卑部落聯盟本身。把上述叛亂事件分別代入道武帝統治的三個時期中，可以知道侯辰、于桓、茂鮮在早期，拓跋儀和拓跋紹事件在後期，其餘的五次都分布在道武帝統治的中期。

　　道武帝針對部內矛盾，有一個策略形成和轉化的過程。在前期最初的兩起叛亂中，他基本上採取了包容甚至放任的態度。登國元年（西元386年）拓跋魏（代）建立時，道武帝還留住在其母族的賀蘭部中。但賀蘭部諸人對這位故代國酋長之孫的到來，態度並不友善。因為一旦道武復國以後，賀蘭部雖然仍舊可以依靠親緣關係而保有地位的尊隆，但又難免像往日一樣處於被拓跋氏役使的地位。五月，《魏書》〈太祖紀〉云：「車駕東幸陵石。護佛侯部帥侯辰、乙弗部帥代題叛走。」侯辰、代題實際上是因為早些時候受賀蘭部帥之一的賀染干指使，準備借機進入行宮暗殺道武，因事情洩露而畏罪叛逃

的[6]。事件發生後，鮮卑部眾準備追擊，道武帝卻稱：「侯辰等世修職役，雖有小愆，宜且忍之。當今草創，人情未一，愚近者固應趑趄，不足追也」，把這次叛亂事件作了淡化處理。至當年八月，拓跋鮮卑再次遭遇部內分化的危機：道武帝留在中原的叔父拓跋窟咄受部落聯盟中另一支大勢力獨孤部劉顯的挑唆，率軍侵入魏國南境。這一內戰先導致道武帝左右的于桓等人預謀發動政變，被發現後道武帝祇「誅造謀者五人，餘悉不問」。儘管如此，他繼而慮有「內難」，於是又從都城盛樂向北遷往陰山其舅氏的賀蘭部避風，並派遣使者安同、長孫賀二人向後燕慕容垂乞師。長孫賀在出使途中竟也「亡奔窟咄」，祇餘安同一人到達後燕並最終請來援軍，撲滅了這次叛亂[7]。在「窟咄之難」期間，還有北部大人叔孫普洛、諸烏丸、道武帝的從弟拓跋意烈等人存在不同程度的反逆行為，道武帝均未予以進一步的追究。縱觀道武帝一生的行事，凶暴猜忍是其突出的個性，這一階段他卻有著和平素性格相差極大的風格，說明這主要是「草創」時的嚴峻形勢和道武帝有意的包容策略使然。

　　這一包容的策略在五年多以後就不見蹤影了。第三次部內叛亂發生在登國七年（西元392年），發生時的記錄是：「三月……西部泣黎大人茂鮮叛走。」茂鮮其人的事跡不詳，這次事件和前述叛逃的侯辰之類相比也並沒有什麼不同，道武帝卻讓南部大人長孫嵩率兵追討，並以「大破之」[8]為結果。這說明經過數年的調整，道武帝已經初步樹立了自己的威信，他不會再放任拓跋部落聯盟內的酋帥那種「合則留，

6　姚薇元在《北朝胡姓考》（北京市：中華書局，1962年）的「侯氏」、「乙氏」條中引《魏書》〈尉古真傳〉：「太祖之在賀蘭部，賀染干遣侯引、乙突等詣行宮將肆逆。古真知之，密以馳告，侯引等不敢發」，並參考唐人孔至《姓氏雜錄》「若口引氏」條「引音辰」的音注資料，發現了〈太祖紀〉中的「侯引、乙突」實即「侯辰」、「乙弗部帥代題」的同名異譯，如此則二人叛走之因便可明確。

7　以上引文及事跡見《魏書》卷二〈太祖紀〉登國元年。

8　以上引文見《魏書》卷二〈太祖紀〉登國七年。

不合則去」的故習繼續下去，因此首次以殘酷的軍事打擊作了殺雞儆猴式的懲肅，茂鮮叛走事件遂成為前期叛亂的絕響。這次打擊標誌著道武帝部內統治策略的轉變，此後道武帝針對來自部落內部的威脅，一律採取殘酷鎮壓、樹立威權的方式，甚至隨時間發展而愈演愈烈。

中期的五次叛亂數量多於前、後期，其中又有三次全都發生在道武帝伐燕戰事處於膠著狀態中的皇始二年（西元397年）二月。發起者分別是并州監軍醜提、在京畿陰館的賀蘭部帥附力眷等，以及并州的晉陽守將封真。這時道武帝正在河北的南伐大軍之中，三股勢力均選擇遠離道武帝的權力中心發動叛亂，表現為一種單純的離心傾向。這種離心傾向的產生，應該與登國年間就已陸續實行的「離散部落」政策有關[9]。田餘慶先生謂：「道武帝本人，在建立北魏之前不過是部落聯盟的酋帥，在此之後卻成為君主專制國家的皇帝，他地位的陡然變化，不正是一個極強烈的反差嗎？」[10]這種反差需要通過一系列強有力措施的推行才得以實現。其中，通過離散部落聯盟中強大的賀蘭、獨孤諸部，將他們「分土定居，皆同編戶」，從而使諸部民繞開原有的層層隸屬關係，直接聽命於道武帝的專制皇權就成了一項重要舉措。部落首領當然不會心甘情願地接受自身部落組織泯滅消散的現實。在道武帝擊破叛走的茂鮮部後羽翼漸豐、待在盛樂厲兵秣馬的時節，他們已不敢同拓跋氏進行直接對抗，等到道武帝暫離統治中心遠征河北時，權力真空就因而出現了。但是道武帝對此的反應仍是果決且冷酷的，他隨即命令手下幹將庚岳「總萬騎」，從前線回師還討諸部，將他們一一殄滅。

9　有關北魏的離散諸部，古賀昭岑：〈北魏部族的解散〉（《山西大學學報》1983年第4期增刊）、田餘慶：《拓跋史探》（北京市：生活・讀書・新知三聯書店，2003年）、李憑：《北魏平城時代》（北京市：社會科學文獻出版社，2000年1月）等論著均曾涉及。

10　見田餘慶：〈關於子貴母死制度研究的構思問題〉（收入氏著《拓跋史探》）。

　　經過這次掃蕩後，部落聯盟的邊緣勢力已不能再給道武帝的統治帶來威脅。中期的剩餘兩次叛亂，其性質和前三次相比發生了悄然的變化：

　　一是他們都由道武帝統治近端的親族發動，且地位很高。

　　二是他們的叛亂均發生在三九八年慕容燕滅亡已成定局、北魏在新占領的河北地區署置百官之時。

　　其一為皇始三年（西元398年）一月，「廣川太守賀盧殺冀州刺史王輔，驅勒守兵，抄掠陽平、頓丘諸郡，遂南渡河，奔慕容德」[11]。其二為皇始三年（西元398年）四月，「廣平太守、遼西公元意烈謀反，于郡賜死，原其妻子」[12]。檢《魏書》外戚傳，知賀盧是道武帝的舅氏，賀蘭部大人賀訥之弟。如前所述，賀蘭部作為鮮卑部落聯盟中勢力極大的一支，又是道武帝的母族，道武帝既倚仗它的力量開國拓土，不久又用「離散諸部」的策略來消解賀蘭、獨孤等部的部落編制以強化專制權力。賀蘭部與拓跋鮮卑的這層既聯合又鬥爭的複雜關係，也在該部首領的行為上偶有表現，如前述曾叛於陰館的附力眷即被稱為「賀蘭部帥」。而拓跋意烈的事跡，據《魏書》〈昭成子孫列傳〉：「遼西公意烈，昭成（即拓跋什翼犍，道武帝祖父）子力真之子也。先沒於慕容垂，太祖征中山，棄妻子迎於井陘。及平中原，有戰獲勛，賜爵遼西公，除廣平太守。」其實，作為北魏宗室的拓跋意烈，在道武前期的窟咄之亂中就曾在《魏書》〈太祖紀〉中出現過。當時面臨拓跋窟咄侵逼的困境，道武派安同等人往後燕求援，獲准後安同返回牛川途中，「窟咄兄子意烈捍之」[13]。拓跋意烈似乎在此時立場傾向窟咄，而有意阻撓安同的行程，這導致魏燕通信中斷，援軍遲遲不來，險些造成了嚴重後果。

11　《魏書》卷二〈太祖紀〉天興元年。
12　《魏書》卷二〈太祖紀〉天興元年。
13　《魏書》卷二〈太祖紀〉登國元年。

　　上述二人囿於時代因素，顯然都應帶有遊牧行國部落帥那種自主性、游離性強的氣質心理，而他們先後在冀州反叛的原因也極其相似，即都源於對自身所處官僚體系中的上下級隸屬關係的不滿：賀盧時任冀州的廣川太守，因為「性雄豪，恥居冀州刺史王輔下」。拓跋意烈時任鄴行臺轄區的廣平太守，因為代人和跋為鄴行臺，意烈「性雄耿，自以帝屬，恥居跋下」。從一般意義上的文明演進來看，拓跋鮮卑向華夏國家轉化的過程中，必然要謀求官僚制度的相應同化。在具有複雜的農耕定居文明積澱的華夏官僚體制中，官職、權力的高下並不總是意味著與為官者社會地位的一一對應。而在遊牧時代的「部落大人」們看來，有什麼樣的部落地位，自然就應充任什麼樣的職務，中原官制的這一特徵是他們所無法認同的。正因為這是北魏國家官僚制度漢化的起始，從而導致了某些部落帥在文化心理上對居於以往部民之下感到極大的牴觸與不滿，於是此類叛亂也就隨之而生了。性格上的「雄豪」、「雄耿」云云，不過是其外部表象而已，這是應作辨析的。

　　道武帝不遺餘力打擊異己的部內策略既然奏效，其部內叛亂範圍漸漸由外向內收斂也就由來有自了。至道武統治後期，他甚至主動尋找潛在的部內叛亂因素並加以誅剪。眾所周知，當拓跋鮮卑進入中原以後，其生產關係與社會諸成分均不得不發生急劇的轉化，其中遊牧行國時代的軍事民主制、兄終弟及制、崇尚強力等風氣遂與立國之初就銳意實行漢式改革的道武帝，或者說是與道武帝始終希望掌握的華夏文明體系中所固有之專制皇權產生了矛盾。這一矛盾在道武年富力強、不斷帶領部民取得勝利的時候尚受到壓抑，而當他「服寒食散，自太醫令陰羌死後，藥數動發」[14]時，就難免會逐漸地暴露出來。一方面，道武帝要擔憂自己精神狀態每況愈下後權力的萎縮；另一方

---

14 《魏書》卷二〈太祖紀〉天賜六年。

面，還要顧慮死後其子嗣君位繼承權的旁落。頭腦中時刻盤旋著的難以消解的焦慮感，終於促使道武帝將嚴酷而有效的部內統治策略進一步濫用。他在統治後期先後因猜忌藉故誅殺宗室常山王拓跋遵、曲陽侯拓跋素延，勳臣和跋、庾岳、莫題等人[15]，這或許還祇是冰山一角，《魏書》〈太祖紀〉稱：「朝臣至前，追其舊惡皆見殺害，其餘或以顏色變動，或以喘息不調，或以行步乖節，或以言辭失措，帝皆以為懷惡在心，變見於外，乃手自毆擊，死者皆陳天安殿前。於是朝野人情各懷危懼。」南朝史書更謂此期的道武帝時常「或乘小輦，手自執劍擊檐輦人腦，一人死，一人代，每一行，死者數十」[16]。如此人人自危的情況下，天賜六年（西元409年）八月，發生了宗室「衛王儀謀叛，賜死」的事件。衛王拓跋儀是道武帝從弟[17]，也是北魏初期最重要的政治人物之一。他幾乎參與了道武時期的所有重大戰役，屢建殊勳，在宗室中享有很高的聲望。《魏書》〈拓跋儀傳〉詳細記述了這次叛亂經過：「天賜六年，天文多變，占者云：『當有逆臣伏尸流血。』太祖惡之，頗殺公卿，欲以厭當天災。儀內不自安，單騎遁走。太祖使人追執之，遂賜死。」可見這起反叛並非主動發生，而是源於道武帝在政治上的迫害。

　　當年的另一起叛亂，也是最後一起，則突然地結束了道武帝的生命。冬十月，道武帝欲建其子清河王拓跋紹為儲君，卻發生了以下一

15　《魏書》卷二十八〈和跋傳〉：「跋好脩虛譽，眩曜於時，性尤奢淫……後車駕北狩豺山，收跋，刑之路側。」同書卷一〇五之二〈天象志之二〉繫其年月：「（天賜）四年（西元407年）五月，誅定陵公和跋。」卷二〈太祖紀〉：「（天賜四年，西元407年）夏五月……常山王遵有罪賜死。」又，同年「八月……誅司空庾岳。」卷二十八〈莫題傳〉：「天賜五年（西元408年），有告題居處倨傲，擬則人主……詰朝乃刑之。」卷十四〈神元平文諸帝子孫列傳之拓跋素延〉：「素延奢侈過度，太祖深銜之。積其過，因徵，坐賜死。」卷一〇五之二〈天象志之二〉繫其年月：「（天賜）六年（西元409年）三月，左將軍、曲陽侯元素延死。」

16　《宋書》卷九十五〈索虜傳〉。

17　有些學者的看法，甚至認為拓跋儀是道武帝的同母弟，說詳李憑《北魏平城時代》。

幕：「紹乃夜與帳下及宦者數人，逾宮犯禁。左右侍御呼曰：『賊
至！』太祖驚起，求弓刀不獲，遂暴崩。」[18]道武帝鑒於拓跋部既往
以來母強子立、女主屢次掌國的歷史與自身所經歷母（后）權及母族
勢力的強大，聯繫到它對專制皇權的潛在妨害，遂首創北魏的「子貴
母死」制度，即在立儲君之前先殺其母以免日後阻礙皇權。這一殘忍
反常的舉動是拓跋紹發動政變弒父的直接原因[19]。道武帝統治後期雖
然在應對部內矛盾上因為系列的過激舉動而最終招致殺身之禍，然而
當月其長子拓跋嗣就自外「入誅（清河王）紹」，終結了亂局，是為
明元帝。從以後的歷史發展來看，正如田餘慶先生所評價的那樣，道
武帝「以極其野蠻的手段居然有效地解決了具有高度文明的問題（引
者按：指君位傳承），但付出了極其痛苦的代價」[20]。可以說，道武帝
通過自己一生的努力乃至犧牲，已在很大程度上經由專制皇權的樹立
約制了蠢蠢欲動的部族勢力，為明元帝時期部內矛盾的顯著緩解打下
了堅實的基礎。

第二節　漢、胡叛亂及道武帝「威制」胡夏策略的形成

　　道武帝時期除部內矛盾引發的叛亂外，還出現了被征服的漢、胡
各族叛亂。針對入主中原後首度遭遇的胡－漢與胡－胡矛盾，道武帝
通過設置行臺、軍府、鎮戍等帶有濃厚軍事暴力色彩的地方管理機
構，強化了拓跋魏的統治。這一系列措施舉其大要而言之，即為威制
胡夏的策略。

---

18 《魏書》卷十六〈道武七王之清河王紹傳〉。
19 關於「子貴母死制」及拓跋紹弒父事件，參田餘慶：《北魏後宮子貴母死之制的形
　　成和演變》〈關於子貴母死制度研究的構思問題〉（載《拓跋史探》）、李憑《北魏平
　　城時代》第一章第三節〈皇權的確立與危機〉。
20 田餘慶：〈關於子貴母死制度研究的構思問題〉，見《拓跋史探》，頁100。

一　漢族

　　道武帝時期的漢族叛亂共有八次，占叛亂總數的百分之三十一點八[21]，是當時僅次於部內矛盾的亂源。事件分別為：平原徐超聚眾反於畔城（西元397年2月）、右軍將軍尹國叛於冀州信都（西元398年1月）、博陵、勃海、章武群盜並起（398年1月）、群盜趙准與原中山太守仇儒反於趙郡（西元399年3月）、前清河太守傅世反叛（西元399年4月至399年5月）、范陽人盧溥聚眾殺幽州刺史封沓干（西元399年8月至400年1月）、沙門張翹（與丁零鮮于次）保聚常山之行唐（西元402年2月至402年4月）、上黨群盜秦頗（與丁零翟都）聚眾壺關（西元402年11月）。從時間上看，這些叛亂全都發生在道武帝南伐後燕、據有晉南與河北的統治時代中期（西元396-403年），這也是拓跋鮮卑與漢族群體首度有了廣泛接觸的時期。在地理區域方面，除并州上黨的秦頗以外，其他叛亂事件又全都發生在太行山以東的河北地區，則說明了漢族群體在這裡所占的人口優勢[22]。我們通過分析河北叛亂者的社會身分，可以發現如下信息：「前清河太守」傅世所在的清河郡是傅姓郡望之一，北魏名臣傅豎眼在《魏書》本傳中即被記錄為「本清河人，七世祖仙。仙子遘，石虎太常……」；而聚眾海濱的「范陽人盧溥」所屬之范陽盧氏更是北方著姓高門。正因如此，傅世才能夠「聚黨千餘家」起事，盧溥甚至有能力攻殺北魏任命的幽州刺史封沓

---

21 文中所記漢族的八次叛亂包括了漢族與丁零的二次聯合起事，如前文相關注釋所言，為更好地體現叛亂權重的準確性，本書將二者聯合起事部分的各族分別以零點五次進行計算，因此得出漢族叛亂占總叛亂數的比率為（6+0.5+0.5）/22=31.8%。餘下遇有類似情況者同此，亦可參論文末尾所附《道武帝時期叛亂表》的相關解釋。

22 《宋書》卷六十七〈謝靈運傳〉載其上《勸伐河北書》，文中提及「河北悉是舊戶，差無雜人」。此作侯雲龍〈謝靈運年譜〉《吉林師範大學學報》（人文社會科學版）（2005年第5期）繫於宋文帝元嘉五年（西元428年），則與本書所論不僅相合，且時代亦大體相當。

干。這兩人所屬的社會階層應為北方的士族、豪右。而在平原畔城起事的徐超和督租於冀州的右軍將軍尹國，先前均是後燕官吏[23]，雖不屬士族階層，但應積累有一定的地方勢力。他們的反叛可能代表河北地區中層人群在北魏治下的某種牴觸情緒。餘如博陵群盜、趙郡群盜趙准、沙門張翹則顯然表明廣大的下層民眾同樣對河北的新主人抱有強烈的不滿，而通過最為直接的暴力反抗形式表現出來。這樣一個階層構成非常廣泛的叛亂群體，儘管在較短時間內相繼遭到鎮壓，卻至少說明道武帝在河北的統治之初是很不得民心的。究其原因，在於與慕容同為鮮卑的拓跋部，其歷史發展階段卻還處在由遊牧酋邦進入國家階段的關口上，他們的統治方式與漢地高度發達的王朝國家體制之間存在著的格格不入也就難以在短時間內消解了。

道武帝針對統治中期突現的胡漢矛盾，基本應對策略是大規模徙民與軍事威懾。

對漢族聚居區的徙民一共有兩次，首次在天興元年（西元398年）正月，「徙山東六州民吏及徒何、高麗雜夷三十六萬，百工伎巧十萬餘口，以充京師」。在這個基礎上又於當年十二月「徙六州二十二郡守宰、豪杰、吏民二千家於代都」[24]。這數十萬以漢族為主的居民被強行遷入平城一帶後，道武帝對他們的的處置方式是「詔給內徙新民耕牛，計口受田」[25]。這樣一來，既利用了漢民先進的生產方式以增強北魏國家的物資儲備，又因為他們左近京畿的關係而容易進行控制。此外，大規模徙民對漢族群聚的河北反抗力量而言也是一種削弱。

---

23 《魏書》卷二〈太祖紀〉皇始二年（西元397年）正月條：「癸亥，（慕容）寶輔國將軍張驤、護軍將軍徐超率將吏已下舉城降。」又，《晉書》卷九〈孝武帝紀〉太元十九年（西元394年）十月條：「慕容垂遣其子恩奴寇廩丘，東平太守韋簡及垂將尹國戰於平陸，簡死之。」以此知徐超、尹國原先為後燕部將。

24 以上引文俱見《魏書》卷二〈太祖紀〉天興元年。

25 《魏書》卷二〈太祖紀〉天興元年。

　　軍事威懾則是北魏前期相當長時段內對漢族使用的一項基本國策。用北魏名臣崔浩的話來解析，即是「假令山東有變，輕騎南出，耀威桑梓之中，誰知多少？百姓見之，望塵震服」的「威制諸夏」[26]之策。其實魏廷不止在平城屯集騎兵以備「山東有變」，還預先在河北占領區加強軍事力量以因應漢人的騷亂。其具體內容，一為除保留河北固有的郡縣制度以外，還在經濟、戰略要地設置行臺和軍府，實行軍事管控。二為廣泛派遣得力將領鎮守河北各地，一旦有事，即就近撲討。這一策略早在道武帝初定河北，尚未回師平城時就已開始部署：

　　《魏書》〈太祖紀〉天興元年（西元398年）春正月，道武帝在鄴城「置行臺，以龍驤將軍日南公和跋為尚書，與左丞賈彝率郎吏及兵五千人鎮鄴」。當月稍後，又自鄴到中山，「帝慮還後山東有變，乃置行臺於中山，詔左丞相、守尚書令、衛王儀鎮中山，撫軍大將軍、略陽公元遵鎮勃海之合口」。鄴行臺和中山行臺作為中央政府的派出機構被設置在河北，自然是為了加強平城對這一地區的直接控制。從上引文可知，鄴行臺配有軍隊五千人。中山行臺的情況，據《魏書》〈楊椿傳〉：「自太祖平中山，多置軍府，以相威攝。凡有八軍，軍各配兵五千，食祿主帥軍各四十六人。」則其所轄兵力更有四萬之眾。這兩個行臺基本相當於州一級建制，而據學者研究，北魏的州級行政區所配備的州兵員額一般不過二千人而已。[27]如此看來，不論是鄴還是中山行臺，其軍府兵力都已遠遠超過一般的州。此外，在河北的鎮守官員中，除上引鎮中山的衛王拓跋儀、鎮勃海的常山王拓跋遵、鎮

26　見《魏書》卷三十五〈崔浩傳〉。

27　《魏書》卷四十三〈房士達傳〉載齊州州將房士達曾「率州郭之人二千餘人，東西討擊」，同書卷五十三〈李沖傳〉又載：「車駕渡淮，別詔安南大將軍元英、平南將軍劉藻討漢中，召雍、涇、岐三州兵六千人擬成南鄭」，可知州兵一般在二千人左右。具體考述詳見陶新華：〈北魏地方都督制補論〉《求索》（2004年第2期）。

鄴的尚書和跋均為道武時期的重臣以外，還有多次參與軍事行動的名
將庾岳，史載「岳為將有謀略，治軍清整，常以少擊多，士眾服其智
勇，名冠諸將」[28]。他在天興二年（西元399年）繼和跋擔任鄴行臺尚
書一職[29]，以後改鄴行臺為相州，他又續任相州刺史直到天賜五年
（西元408年）才被召回平城。這些人大多在以後鎮壓河北地區的叛
亂中發揮了作用，如「博陵、勃海、章武群盜並起，略陽公元遵等討
平之」、「范陽人盧溥聚眾海濱……和突（跋）破盧溥於遼西」、「前清
河太守傅世聚黨千餘家……征虜將軍庾岳討破之」等記述便屢見於史
書。道武帝在河北布置了如此之多的精兵強將，應該說收到了預期的
效果，至道武統治後期，整個魏境再未發生一起漢族發動的叛亂即是
明證。[30]但這種應對策略實質上是單純借助武力優勢對胡漢矛盾進行
的簡單壓制，它受限於拓跋鮮卑的發展程度，是一定時期的權宜之
舉，還有待於後來者的調整與變革。

二　胡族

　　道武帝時期的胡族叛亂共有六次，占叛亂總數的百分之二十二點
七，相對而言，這一時期的胡－胡矛盾總體上還處於蟄伏的狀態，不
如前兩者（部內、胡漢矛盾）表現得那麼激烈。這六次叛亂分別是：

28　《魏書》卷二十八〈庾業延（岳）傳〉。

29　《魏書》〈庾業延（岳）傳〉：「又討反人張超、清河太守傅世，並破平。以岳為鄴
　　行臺。」按鄴行臺此前的最高長官為尚書和跋，庾岳本傳還稱其官名為「鄴行
　　臺」，應是「鄴行臺尚書」之省。

30　此外，據《魏書》〈庾業延（岳）傳〉：「及罷鄴行臺，以所統六郡置相州。」又同
　　書卷一〇六上〈地形志上〉：「太祖天興四年（西元401年）置相州。」鄴行臺設於
　　天興元年（西元398年）已見前述，至西元四〇一年撤臺改州也說明了河北緊張局
　　勢的緩解，但軍府兵力的削減據同書卷五十八〈楊椿傳〉「自中原稍定，八軍之
　　兵，漸割南戍」的描述，則可能時代還要晚一些。

離石胡帥呼延鐵、西河胡帥張崇等聚黨數千人叛（西元398年3月）、烏丸庫傉官韜聚眾反於漁陽（西元398年3月至398年7月）、烏丸張驤子超據勃海之南皮抄掠諸郡（西元398年9月至399年2月）、丁零鮮于次（與沙門張翹）保聚常山之行唐（西元402年2月至402年4月）、丁零翟都（與上黨群盜秦頗）聚眾壺關（西元402年11月）、慕容支屬百餘家謀欲外奔（西元409年7月）。從中我們可以發現胡族叛亂和漢族相似的一點，即這些叛亂同樣集中發生在道武中期，至後期也已遭到強力的壓制。後期僅見的一次由後燕慕容支屬發動的未遂叛逃事件，恐怕主要還是被逼於道武帝晚年的猜忌心態與政治高壓。[31]在叛亂的地理分布上，離石胡帥呼延鐵與壺關丁零翟都的活動區域都在河東并州；烏丸庫傉官韜、張超、丁零鮮于次則在山東的河北地區；唯有慕容氏的叛亂地點並未指明，但這些人既為亡國之餘，則居平城的可能性較大。

　　胡族叛亂的這種分散性祇是道武帝時期的特點。從北魏的大量叛亂史料中可以鮮明地看出，太行山是北朝早期乃至晉末十六國以來胡、漢居住區的天然分界線，山西之叛多出胡族，山東之叛則反以漢族為盛。南朝的謝靈運在其上宋文帝《勸伐河北書》中稱「河北悉是舊戶，差無雜人」，同樣佐證了這一點。自道武之後，胡族的亂源就開始顯著地集中於太行山以西的廣大山地、高原之上，而較少地出現在華北平原了，顯然這一時期河北的胡亂還與滅燕戰爭前後的特定政治形勢有關。河北的叛亂光烏丸就有兩次，上文提及的烏丸庫傉官氏，在後燕官員中就有安定王庫辱（傉）官偉、西河公庫辱（傉）官驤等人，事跡俱見《晉書》慕容垂、慕容寶載記。因活動地域與慕容鮮卑重合，庫傉官氏漸成其統治集團一員，後來甚至被北魏混稱為徒何鮮卑種。[32]烏丸張超既被稱為張驤之子，而據《魏書》〈太祖紀〉皇

---

31 道武帝統治後期的政治局勢可參本章第一節。

32 《魏書》卷三〈太宗紀〉泰常元年冬十月條記有「徒何部落庫傉官斌」，即是一例。

始二年（西元397年）十月條稱「（燕）將張驤、李沈、慕容文等先來降，尋皆亡還，是日復獲之」，則張氏父子亦曾仕於燕。據此可知其叛逆的原因與烏丸作為慕容政權的支柱，此時不甘心淪為被統治族群（階層）有關。

與烏丸不同，上引「離石胡帥呼延鐵、西河胡帥張崇」之類活動於晉南并州的離石、吐京、西河、正平、石城等地，並以地名為稱呼的山胡[33]部眾與活動於太行山麓兩側的丁零族群，都是此後常見的當地叛亂源。丁零較早進入中原生活[34]，他們是北魏治下諸胡中聚居地與漢族重合度最高的一支，這反映了他們的漢化深度，上引丁零叛亂中之所以每有與漢人聯合的情形也就可得而知了。

河北的胡族叛亂雖然喧囂一時，終究是一定時期的產物，且他們還受限於自身種群的數量和實力，因此北魏朝廷也並未對河北的胡族組織施以特別的政策。而山西地區以山胡為主的諸胡族占據了當地顯著的人口優勢，他們大量屯聚於高山深谷間，情況因此有所不同。[35]諸胡在社會風習上通常仍保持粗獷尚武的特質；在生產方式上由於深入漢地有年，多已變為農牧混合的形態；在社會組織上又不乏仍舊保持

---

33 山胡後稱稽胡，《周書》有稽胡傳。呂思靜：《稽胡史研究》（華中師範大學2012屆碩士學位論文）對稽胡的起源和發展有詳盡的考述，可資參看。然「稽胡」之稱，多見於西魏北周的歷史記載，而在北魏和東魏北齊地區的記錄中極少見。基於此，本書仍以「山胡」稱呼北魏時代這一地區的胡族部落共同體。

34 《資治通鑑》晉紀咸和五年（西元330年）條：「初，丁零翟斌世居康居，後徙中國，自是入朝於趙。」有關丁零的活動狀況，可參段連勤：《丁零、高車與鐵勒》（上海市：上海人民出版社，1988年）；周一良：〈北朝的民族問題與民族政策〉，收入氏著《魏晉南北朝史論集》（北京市：北京大學出版社，1997年）。

35 有關這一地區胡族種落熾盛的記載晉末以來已有之，《晉書》卷六十二〈劉琨傳〉載永嘉元年（西元307年）并州刺史劉琨行經上黨赴任途中，上表稱：「道險山峻，胡寇塞路。輒以少擊眾，冒險而進，頓伏艱危，辛苦備嘗。」北魏末年，該區還有山胡劉蠡升發動的長期叛亂，時人目為「胡荒」，事見《魏書》〈肅宗紀〉以來各帝紀及相關人物傳記。直至東魏北齊時代，《北齊書》〈文宣帝紀〉尚稱「胡人別種，延蔓山谷，酋渠萬族，廣袤千里，憑險不恭，恣其桀黠」。

遊牧聚落者。因此，針對胡人聚居的晉南并州地區，道武帝除部分地設置傳統郡縣外，還沿用了劉石苻姚和後燕以來的護軍與軍鎮建制以行控馭：

據《魏書》〈許謙傳〉：「并州平（西元396年），以謙為陽曲護軍。」知并州境內的漢晉舊縣陽曲此時被設為護軍。又，同書〈太祖紀〉：「天賜元年（西元404年）春正月，遣離石護軍劉托率騎三千襲蒲子。」說明山胡出沒的故秦漢離石縣地設有離石護軍。又，同書〈官氏志〉：「肆州，治九原。天賜二年（西元405年）為鎮，真君七年（西元446年）置州。」知這一地區還置有九原鎮。上述祇是道武帝時期在并州設立的時間確切可考的護軍與軍鎮，〈官氏志〉：「天興四年（西元401年）七月……令諸部護軍皆屬大將軍府」，據此可知當時設置的鎮戍機構應遠多於此數。

所謂「護軍」，原是魏晉漢族王朝為了管理少數族聚落而在當地專門設立的一種地方行政單位。由於鮮明的軍事威懾色彩與粗放的管理方式，西晉永嘉之亂後，諸胡進入中原，又用它統治漢人以外的被征服族群。[36] 所謂「軍鎮」，其濫觴略遲於護軍，大抵出現於十六國時期，在北魏逐漸形成為一種遍及全境的鎮戍體系。[37] 軍鎮的主官稱鎮

---

36 李吉甫：《元和郡縣圖志》（北京市：中華書局，1983年）京兆雲陽縣條：「本漢舊縣，屬左馮翊。魏司馬宣王撫慰關中，罷縣置撫夷護軍。」這是曹魏時期已設護軍機構之證。十六國以來的護軍據前秦時期的《重修鄧太尉祠碑》，可知仍是統轄相應地區胡族的機構，性質並未發生改變。有關護軍制度的研究，可參考嚴耕望《中國地方行政制度史》〈魏晉南北朝地方行政制度〉（上海市：上海古籍出版社，2007年）下冊第十三章〈諸部護軍〉，高敏：〈十六國時期的軍鎮制度〉（《史學月刊》1998年第1期），周偉洲：〈魏晉南北朝時期的護軍制〉（收入《邊疆民族歷史與文物考論》，哈爾濱市：黑龍江教育出版社，2000年）。護軍還有另外的歷史涵義，即漢代以來的一種中央官名，但它與魏晉南北朝時期的地方護軍不存在聯繫，因此與本題無涉。

37 有關北魏軍鎮的研究，可參周一良：〈北魏鎮戍制度考及續考〉，《魏晉南北朝史論集》（北京市：北京大學出版社，1997年）、嚴耕望：〈北魏軍鎮制度考〉（《中央研究院歷史語言研究所集刊》34上，1962年）及其《中國地方行政制度史》〈魏晉南

都大將，據《魏書》〈官氏志〉：「舊制，緣邊皆置鎮都大將，統兵備禦，與刺史同。城隍、倉庫皆鎮將主之，但不治。」歷來多以「治」字之後不成句，疑有脫文。按北魏前期往往州、鎮並置，如關中既有雍州刺史治長安、又有相應的長安鎮將，這顯然是為了將軍事和民事分開而作的安排，如此則其後應脫一「民」字無疑。軍鎮與護軍的稱名既雷同，又都是帶有鮮明軍事特徵的鎮戍機構，卻在北魏前期共存過很長一段時間，這令人難以索解。他們之間的區別大抵因史料的闕如，也未見學界有過專文形式的論述。唯有嚴耕望先生在其《北魏軍鎮制度考》的約論部分中有過一段簡明扼要的辨析：

> 北魏統治地方之制度，以軍鎮制度最為重要。蓋當時統治政策，因地區、民族與軍事情勢之不同而各異其制。孝文遷都以前尤見其然。其於東南漢人區域，則襲用漢人舊制，以州郡縣治之……其於漢人以外之被征服民族，則常以護軍治之。故此諸制度皆非普遍推行於全國各地區、各民族者。唯軍鎮制度則不然。不但推行於平城以北以西地區，亦且推行於東南州郡區，不但統治漢人，亦且統治鮮卑與其他被征服之民族。

據此可知軍鎮與護軍最大不同之處在於它的通用性，漢地行政區同樣分布有軍鎮。有的研究認為軍鎮雖帶有軍事特徵，其機構內部的職官設置卻與州、郡相似，因此「一旦時機成熟，軍鎮就可以迅速從一個軍事機構轉化為一個新的地方行政機構」。[38]軍鎮在行政職能上向州郡的逐漸泛化和僚屬的複雜性大概是它區別於護軍的一個特徵。但無論

北朝地方行政制度〉下冊第十一章〈北魏軍鎮〉、高敏〈十六國時期的軍鎮制度〉、車發松《北魏軍鎮考補》（《魏晉南北朝隋唐史資料第1-7期合訂本》）。

38 見何建國：《北魏軍鎮研究》第二章〈軍鎮轄區的人員構成及其內部體制〉，山西大學2005屆碩士學位論文，頁17。

如何，護軍與軍鎮所構成的地方行政組織畢竟是一種粗放式的軍事管理體系，它們中的不少因素脫胎於十六國以來北中國紛紜複雜的族群形勢，帶有鮮明的過渡時期色彩——統治者一方面有著維持占領區統治秩序的需要，另一方面又因被征服族群強烈的抵抗性甚或落後的生產生活方式，而無法深入控制其基層社會組織時，為了適應上述形勢的需要，這類鎮戍制度便應運而生。道武帝時期為應對胡－胡矛盾而在胡族聚居區特別設置護軍與軍鎮，其歷史環境和出發點即本於此。

第二章
明元帝時期：部內政策的調整與胡、漢政策的延續

　　明元帝拓跋嗣是北魏的第二位皇帝，其統治時間自西元四〇九年起，止於西元四二三年，約十四點一年時間。這期間共計發生了十五次叛亂，年均一點〇六次。表面上看，明元朝較之道武朝零點九二次的年均叛亂略有上升，實則由於道武帝統治前期（西元386-395年）北魏疆界局促在今內蒙古與山西交界處的盛樂一帶，並沒有控制廣大的領域與居民，總的叛亂頻次相對而言自然就少。如以道武帝中期以後的時間段（西元396-409年）及相應叛亂為界進行統計，則道武朝的年均叛亂高達一點四六次，據此可知明元帝時期的統治矛盾實際上總體是趨於緩和的。明元帝不忘前車之鑑，尤其重視對部內政策進行調整，而基本延續了道武帝以來的胡－漢、胡－胡政策。在這種思想主導下，明元朝部內矛盾的緩解尤為明顯，相應叛亂急劇減少；另一方面，胡漢各族與拓跋鮮卑之間的矛盾並未獲得有效解決，其叛亂頻度大體上也與道武帝時期相似，某些胡族叛亂事件在規模上甚至更有過之。

第一節　調整政策與新設制度：
　　　　部內矛盾的顯著緩解

　　明元帝拓跋嗣的即位本身就與部內叛亂有關。天賜六年（西元409年）十月，道武帝次子清河王紹弒父掌權，背負惡德的拓跋紹不

久被道武長子拓跋嗣捕殺。拓跋嗣登基，隨後改元為永興元年[1]。明元帝統治的當年，就開始著手調整道武帝時期過激的部內政策。具體表現為：

一、永興元年十月，下令「公卿大臣先罷歸第不與朝政者，悉復登用之」[2]。檢《魏書》《北史》《資治通鑑》，道武帝時期廢罷臣僚的記錄有確切時間可考者一共四人：其一為天興二年（西元399年）八月，道武帝的謀臣張袞因舉薦失誤，「珪（即道武帝）謂袞所舉皆非其人，黜袞為尚書令史，袞乃闔門不通人事」[3]。其二與上例年月相同，後燕中書令封懿在此時降魏，「珪問懿以燕氏舊事，懿應對疏慢，亦坐廢於家」[4]。其三為天興三年（西元400年）十二月，東宛侯莫題因對君不敬「被黜為濟陽太守」[5]。其四在天興六年（西元403年）七月，「鎮西大將軍、司隸校尉、毗陵王順有罪，以王還第」[6]。可以想見道武帝時期當然不會祇有這四名官員遭到罷免，史料的闕載讓我們無法一窺全貌，但這些罷黜事件都發生在道武帝統治中期（西元396-403年），則應該不是偶然的。因為道武前期尚有懷柔籠絡的策略，至其統治後期，對臣下處置又極其酷濫，頗多誅殺之例，此時坐事的官員祇遭到黜免恐怕已是幸事[7]。史載：「朝臣至前，追其舊惡皆

1　按這一叛亂實際發生於道武朝，在明元帝時得到平定。基於這種現實，此次叛亂在統計上不繫於明元帝時期。

2　《魏書》卷三〈太宗紀〉永興元年。

3　《資治通鑑》晉紀隆安三年條。

4　《資治通鑑》晉紀隆安三年條。

5　《魏書》卷二十三〈莫題傳〉：「（題）常與李栗侍宴。栗坐不敬獲罪，題亦被黜為濟陽太守。」該傳原不繫年月，而《資治通鑑》晉紀隆安四年（西元400年）十二月條謂：「左將軍李栗（粟）性簡慢，常對珪舒放不肅，咳唾任情；珪積其宿過，遂誅之，群下震栗。」則莫題之黜亦應在此時。

6　《魏書》卷二〈太祖紀〉天興六年。

7　如上引天興三年（西元400年）被罷黜的莫題，在天賜三年（西元406年）再次因「久侍頗怠」觸犯道武帝時，則被賜死。有關道武後期誅戮臣僚事件的記載，可參李憑《北魏平城時代》附表二〈道武朝殺黜臣僚表〉。

見殺害……有司懈怠，莫相督攝，百工偷劫，盜賊公行，巷里之間人為希少。」[8]百僚懾於道武帝的狂悖行為，甚至出現逃避工作、廢棄職守的情況，政府機構實際已陷入半癱瘓狀態。在這種情況下，作為新君的明元帝當機立斷地重新起用早先被黜的群臣，實質上既向外界傳達了他改弦更張、安撫部內情緒的信號，又使北魏的國家機器得以恢復正常運轉。

二、永興元年十二月，又下令「封衛王儀子良為南陽王，陰平公元烈進爵為王，高涼王樂真改封平陽王」[9]。我們知道，衛王儀正是死於道武帝後期的部內政治迫害，這時復封其子為王，實質是對拓跋儀的平反[10]。陰平公拓跋（元）烈是衛王儀之弟，同時也是距明元帝親屬關係最近的昭成帝一系叔、伯輩罕存的人物之一[11]。此前清河王紹弒父謀位時就曾有過「我有父，亦有兄，公卿欲從誰也？」的選擇問，這裡的「父」即指拓跋烈[12]。而高涼王拓跋樂真則是平文帝一系、與明元帝親緣關係稍遠一些的叔伯輩人物[13]。北魏初期，兄終弟及的傳位歷史並不讓人感到陌生[14]，草原時代具有廣泛君位繼承權的

8 　《魏書》卷二〈太祖紀〉天賜六年。

9 　《魏書》卷三〈太宗紀〉永興元年。

10 《魏書》卷十五〈昭成子孫之衛王拓跋儀傳附拓跋良傳〉：「太宗追錄儀功，封（良）南陽王以紹儀後。」亦可證。

11 按《魏書》〈昭成子孫列傳〉，明元帝叔伯輩人物在明元朝或因戰歿、或因坐事、或因政治迫害，明確在世者其實僅餘拓跋烈一人。該傳中還有明元帝叔伯輩的拓跋勃「善射御，以勛賜爵彭城公。卒，陪葬金陵」，但不知卒年。

12 參田餘慶《拓跋史探》。

13 《魏書》卷十四〈神元平文諸帝子孫列傳〉載平文帝四子高王孤，孤子斤，斤子即樂真，故與拓跋烈同為明元帝叔伯輩，祇是世系相對疏遠一代。

14 嚴耀中發現拓跋氏政權從拓跋力微至道武帝為止，部落首領的兄終弟及現象尚多於父死子繼。如拓跋力微子悉鹿、綽、祿官兄弟，拓跋猗㐌子普根、賀傉、紇那兄弟，拓跋郁律子翳槐、什翼犍兄弟就曾相繼為「帝」。見其《北魏前期政治制度》第一章〈繼往開來的的政治體制〉（長春市：吉林教育出版社，1990年）。

「直勤」[15]制度還有很大影響。明元帝對道武後期被殺戮宗室的子嗣和理論上仍舊威脅到自身君位的叔伯輩人物的封賞，不外乎表明了他爭取道武帝統治後期受迫害宗室人員諒解的態度以及對道武帝後期部內政策的否定。

明元帝十月、十二月的兩道詔令是對道武中期以來的廢罷臣僚、後期以來的誅戮宗室策略的全面反動，這等於向部內傳達了自己將回歸道武帝初期那種懷柔寬容的部內政策的精神[16]。明元帝時期未見一例確鑿迫害宗室的案例[17]，也證明了其部內政策在執行上的一貫性。這一政策的改變收到了立竿見影的效果，終明元一朝十四年時間，祇發生了一起朱提王悅個人發動的部內叛亂事件，占明元朝叛亂總數的比率為百分之六點七，遠低於前朝的百分之四十五點五。可見和道武時期相比，拓跋直系宗室與廣大的「直勤」人員乃至鮮卑「國人」之間一度高度緊繃的關係出現了大為緩和的局面。但也應注意的是，正因部眾久懾於道武時代的殺伐之威，明元帝方能趁勢轉變政治風向而

---

15 「直勤」是中古北亞草原族群常用的一種稱號。羅新〈北魏直勤考〉（《歷史研究》2004年第5期）通過研究發現：「特勤、直勤和敕勤等名號……是社會結構下的一種身分。這一身分所反映的內容，相當於漢文中的『宗室』，英文中的royal clan，是對血緣範圍的界定和認可。從政治史的角度看，這種界定和認可，首先是對統治權繼承權利的界定和認可。」「我們知道，在群隊和部落兩個階段，領導者的產生通常要通過選舉，酋邦階段領導者已經開始世襲，即使選舉的古老習俗仍然保留，被選舉者也限於一個狹窄的血緣範圍。在北亞草原族群歷史上，見於傳說性質的首領世選制，就建立在這一基礎之上，這也是所謂克里斯瑪（charisma）型領導者產生的基礎。」從《魏書》和出土文獻來看，出自北魏神元帝拓跋力微以下的拓跋族人普遍具有君位繼承權的「直勤」（宗室）身分。「直勤」制的影響隨皇權的加強不斷削弱，但完全廢止已到孝文帝太和十六年（西元492年）。

16 明元帝時期除在政治尺度上寬待宗室外，還經常對臣僚進行物質上的賞賜和饗宴，其遺詔仍不忘「以司空奚斤所獲軍實賜大臣，自司徒長孫嵩以下至士卒各有差。」參張金龍《北魏政治史》第三卷〈明元帝時代〉（蘭州市：甘肅教育出版社，2008年）。

17 李憑在《北魏平城時代》第二章〈太子監國〉中曾以明元帝諸弟皆短壽為唯一理由，質疑明元帝曾經加害過他們，這種猜測顯然過於武斷。

博取一個安定團結的局面，兩者之間作風的區別更多地實為不同時代賦予他們使命的差異。

朱提王悅的叛亂發生在明元帝即位後的次月，正值明元帝調整統治策略之際。《魏書》〈太宗紀〉永興元年（西元409年）條：「閏十月丁亥，朱提王悅謀反，賜死。」拓跋悅是陳留王虔[18]之子，拓跋虔以「姿貌魁杰，武力絕倫」著稱，為道武帝初期得力的宗室悍將，後戰死於慕容垂伐平城之役[19]。正因其勇壯的事跡，道武帝對其子拓跋悅「特加親寵」，且封為朱提王。但拓跋悅本人在道武時期就已有蠢蠢欲動的跡象，其本傳[20]稱：「為左將軍，襲封。後為宗師。悅恃寵驕矜，每謂所親王洛生之徒言曰：『一旦宮車晏駕，吾止避衛公，除此誰在吾前？』衛王儀美髯，為內外所重，悅故云。初，姚興之贖狄伯支，悅送之。路由雁門，悅因背誘奸豪，以取其意，後遇事譴，逃亡，投雁門，規收豪杰，欲為不軌，為土人執送，太祖恕而不罪。」

從他「一旦宮車晏駕，吾止避衛公，除此誰在吾前」的言論來看，這顯然是北魏前期以廣闊血緣聯繫紐帶為基礎的具備君位繼承權的「直勤」制度下的產物。因為按照漢地西周以來封建宗法繼承制度分析，拓跋悅雖屬宗室，但他與道武帝直系子嗣之間不過是同曾祖的從祖兄弟關係，何來「除此誰在吾前」的自信？拓跋悅展現的這種思維一向是道武帝所不遺餘力打擊的，然而他卻因其父「死王事」的大功而罕見地為道武帝所寬恕。在天賜三年（西元406年）清河王紹弒父、齊王拓跋嗣尚游行在外的紛亂局面下，拓跋悅應當又開始覬覦君位。然而不到一月之內，拓跋嗣就迅速平定了清河王之亂，且出於懷柔部內的考慮而「引悅入侍」。這種情況卜拓跋悅似乎仍不滿足，在

---

18 《魏書》卷十五〈昭成子孫之陳留王拓跋虔傳〉：「陳留王虔，昭成子紇根之子也。」

19 引文及拓跋虔事跡，見上引出處。

20 《魏書》卷十五〈昭成子孫之陳留王拓跋虔傳附拓跋悅傳〉。

提出盡誅「京師雜人」和「雁門人」以雪其私忿的建議不被明元帝採納後[21]，他便悻然「懷刀入侍，謀為大逆」，最終被明元帝近臣叔孫俊發現行跡而伏法。[22]清河王紹、朱提王悅事件是明元帝即位之初紛亂的政治理念的反映，它仍帶有遊牧時代的爭位色彩，有學者已經注意到這一現象，指出明元帝初期的「奪位之爭是代北拓跋氏內亂的延續，具有十分複雜的部落背景」[23]。從筆者上文所引材料及相應的剖析來看，這一論斷應是正確的。

正因如此，明元帝在另一方面其實並未忽視強化拓跋專制皇權的進程，祇是表現形式相對道武朝而言顯得較為隱秘罷了。明元帝時期在部內政策上最大的貢獻即是他在泰常七年（西元422年）五月採納漢族士人崔浩的意見，並獲部族勢力代表長孫嵩的同意，首次建立起太子監國制度[24]。有關北魏時期的太子監國制，前賢如曹文柱[25]、李憑[26]、窪添慶文[27]等人都已作過詳細的考述，筆者不擬再加置喙，唯一切合本書主旨而要予以強調的是，明元帝通過生前就昭告天下、立太子拓跋燾（即後來的太武帝）分掌國事的手段，再次綿裡藏針地強調了道武帝一系子孫君位繼承權不容他人覬覦的部內統治原則。儘管如此，明元帝的力量尚不足以直接對抗乃至廢除舊有的直勤制度及其意識形態，而是通過在皇權運作模式上逐步的漢化來達到潛移默化地

---

21 事跡出處見《魏書》卷十五〈昭成子孫之陳留王拓跋虔傳附拓跋悅傳〉。拓跋悅建議殺雁門人大抵因上引道武朝他逃亡雁門圖謀不軌時，為土人執送之事。至於殺京師雜人的理由則已不可解。

22 詳細情形分見《魏書》的拓跋悅與叔孫俊二人本傳。

23 劉軍：〈試論北魏明元帝的復位〉，《牡丹江師範學院學報》（哲學社會科學版）2009年第5期。

24 詳《魏書》卷三〈太宗紀〉、卷三十五〈崔浩傳〉、卷二十五〈長孫嵩傳〉。

25 曹文柱：〈北魏明元太武兩朝的世子監國〉，《北京師範大學學報》（哲學社會科學版）1991年第4期。

26 李憑：《北魏平城時代》。

27 窪添慶文：〈關於北魏的太子監國〉，《文史哲》2002年第1期。

改變拓跋部民傳統思維的目的，這是明元時期的時代局限性所決定的。明元帝通過對道武朝中後期過激政策的撥亂反正和自身統治時期創建的太子監國制度，在正反兩面成功地緩解了道武朝以來的部內矛盾，創造出了一個「內和外輯」的政治局面。自此以後，北魏的部內矛盾一直維持在較低的程度，再未出現過占據叛亂源首位的情況，這也為拓跋魏政權此後的發展壯大提供了保證。

第二節　威制政策的延續：
　　　　未獲解決的胡－漢、胡－胡矛盾

　　相較於部內政策的大幅度調整，明元帝對道武朝的胡－漢與胡－胡統治政策基本上未作變革。明元帝也曾任用崔浩、李先、公孫表等一些漢族士人，但相對於手握國柄、分掌津要的拓跋宗室與異姓鮮卑勛貴而言，漢族勢力及其文化這時仍然不占有重要地位。與之相對的，明元帝還在前代威制胡夏的路線上做了一些添磚加瓦的工作，以圖鞏固北魏在胡漢占領區的統治。其典型表現為在道武帝的基礎上繼續增置護軍和為數不少的軍鎮：

　　據《魏書》〈太宗紀〉神瑞元年（西元414年）二月條：「赫連屈子入寇河東蒲子，殺掠吏民。三城護軍張昌等要擊走之。」又，《元和郡縣圖志》「絳州正平縣」條：「柏壁，在縣西南二十里。後魏明（元）帝於此置柏壁鎮。」按蒲子即今山西臨汾市隰縣，柏壁在今山西運城市新絳縣西南，北魏時期這一帶都是山胡的活躍區域，據上引文可知明元帝在這裡增設了三城護軍和柏壁鎮。[28]

　　在漢族居民眾多的河北地區同樣有增置軍鎮的記錄。《元和郡縣

---

28 按蒲子附近並無名為「三城」的地點，反之則有北五城、五城郡等地名，故嚴耕望疑「三城」當是「五城」之誤，可從。說詳嚴耕望《中國地方行政制度史·魏晉南北朝地方行政制度》下冊第十三章〈諸部護軍〉之「三城護軍」條。

圖志》「博州」條：「後魏明元帝於此置平原鎮。孝文帝罷鎮置平原郡。」知明元帝時期在河北冀州的平原郡（今山東聊城東北）增設平原鎮。《魏書》〈韓茂傳附韓均傳〉：「廣阿澤在定、冀、相三州之界，土廣民稀，多有寇盜，乃置鎮以靜之。」又據《魏書》〈叔孫建傳〉：「太宗即位……遷廣阿鎮將，群盜斂跡，威名甚震」，則廣阿鎮的設置同樣可上溯至明元帝時期。又，《魏書》〈于栗磾傳〉：「永興（明元帝年號）中……栗磾受命征伐，所向皆平，即以本號留鎮平陽。轉鎮遠將軍，河內鎮將。」河內在今河南沁陽市，知明元朝在靠近河北的豫州河內郡同時設有河內鎮。此外，明元帝還乘南朝宋武帝去世之機，於泰常七年至八年之間（西元422-423年）南侵宋地，攻陷河南的洛陽、虎牢、滑臺、碻磝等處，相應地也在當地新置了多個軍鎮。如《魏書》〈王建傳附王度傳〉：「建孫度，太宗時為虎牢鎮監軍。」知虎牢也在此時設鎮。《魏書》〈王慧龍傳〉：「泰常二年（明元帝年號），姚泓滅，慧龍歸國……後拜洛城鎮將，配兵三千人鎮金墉。既拜十餘日，太宗崩。」知洛陽又設有洛城鎮。據研究，設於北魏明元朝的軍鎮可考者一共有七個，而據上文，分布在胡、漢統治區域的軍鎮就已見到六個。[29]可見明元帝不僅沒有將道武帝以來針對被征服族群的威制政策進行調整，反而強化了軍事威懾的力度。

威制政策的襲用事實上並沒有收到明顯的效果，與部內叛亂數量的銳減相比，明元帝時期的胡、漢各族共發動了十四次叛亂，年均一次，占明元朝叛亂總數的比率為百分九十三點三，道武帝以來始終存在著的胡－漢、胡－胡矛盾沒有因此獲得緩解，反而因部內矛盾的消釋而顯得愈加突出了。

---

29 據嚴耕望《中國地方行政制度史・魏晉南北朝地方行政制度》下冊第十一章〈北魏軍鎮〉及何建國《北魏軍鎮研究》，均謂明元帝時期設有七個軍鎮，分別為：虎牢鎮、洛城鎮、河內鎮、雲中鎮（嚴文以雲中鎮「或已置」）、柏壁鎮、廣阿鎮、平原鎮。祇有雲中鎮是為防備西北方的赫連夏和北邊的柔然而設置。

一　漢族

　　明元帝時期漢族發動的叛亂計有七次，這些事件分別為：平陽民黃苗[30]依汾水自固（西元410年1月），章武民劉牙聚眾反（西元410年8月），上黨民勞聰、士臻群聚為盜（西元413年4月），河內人司馬順宰自號晉王（西元414年12月），常山民霍季聚黨為盜（西元416年3月），司馬順之入常山為亂（西元417年7月），司馬國璠等謀反（西元420年5月）。相比於道武帝統治中原以來年均〇點五四次的漢族叛亂，明元朝的這一頻度降至〇點五次，雖呈現減弱之勢，變化幅度卻並不明顯。此外，就叛亂的地理分布而言，這些記錄中祇有平陽民黃苗、上黨民勞聰的兩次叛亂發生在漢人較少涉足的山西并州地區。黃苗在秦魏交界處「依汾自固」的同時尚需接受後秦姚興官號以為倚仗[31]、勞聰等人群聚後「殺太守令長」，隨即「相率外奔」[32]，從上黨的地理方位來看，外奔的對象祇能是東晉。起事者都要借助或者投奔外部政權，表明他們的力量或許並不甚強，本身也自知難以在當地長期立足。除此而外，其他叛亂幾乎都發生在河北（劉牙、霍季、司馬順之、司馬順宰），這是漢族的傳統居住地域。唯一一次處在平城的司馬國璠叛亂事件，則大抵與政治鬥爭有關。明元帝時期的漢族叛亂有可值得注意的兩點特徵。一是宗教、讖緯因素的顯揚，二是這一時期的「亡命」司馬氏勢力。

---

30 船木勝馬推理「黃姓與〈太宗紀〉泰常五年四月條記載的『河西屠各帥黃大虎、羌酋不蒙娥等遣使內附』的屠各帥同姓，是屠各帥的獨立成分。」（見古清堯譯、船木勝馬：〈北魏太宗朝的諸叛亂〉，《民族譯叢》1987年第1期）按《魏書》記錄叛亂事件書法分明，若族屬為非漢族之胡人，絕大多數情況標其族群屬性於前，如「烏丸張驤子超」「山胡曹僕渾」「盧水胡蓋吳」「隴西屠各王景文」等。此處既明言「平陽民黃苗」，若真為屠各種，也是早經編戶漢化的人。據姓氏以定少數族的族屬不失為一個可行方法，但相較《魏書》在這方面的嚴謹體例而言，似仍以依照原文出處為妥。

31 《魏書》卷三〈太宗紀〉永興二年。

32 《魏書》卷三〈太宗紀〉永興五年。

（一）神秘主義因素

明元朝的漢族叛亂多發於河北，這一地區的叛亂大多帶有宗教、
讖緯等神秘主義色彩，它應與漢文明本身的文化特質有關。其例如定
州常山郡的霍季（西元416年）、司馬順之（西元417年）起事：霍季事
先宣稱自己「名載圖讖」，並拿著一方「天賜玉印」去「誑惑聚黨」；
司馬順之也要自「稱受天帝命，年二十五應為人君」，以進行「流言
惑眾」[33]。上溯道武統治時代，那時唯一的一次宗教叛亂也發生在河
北常山：「（天興五年，西元402年）二月……沙門張翹自號無上王，
與丁零鮮于次保聚常山之行唐。」[34]北魏對宗教組織的控制較嚴，如
對於佛教僧徒甚至編為國家的僧祇戶，任命僧曹進行管理。在此情況
下，宗教叛亂數量稀少。然而往以後的時代尋檢，還有孝明帝時期著
名的沙門法慶謀反事件：「（延昌四年，西元515年）六月，沙門法慶
聚眾反於冀州，殺阜城令，自稱大乘。」[35]「時冀州沙門法慶既為祆
幻，遂說勃海人李歸伯。歸伯合家從之，招率鄉人，推法慶為主……
於是聚眾殺阜城令，破勃海郡，殺害吏人。」[36]又據《北齊書》〈封隆
之傳〉：「（大乘有）眾五萬餘。」這一叛亂同樣發生在河北的冀州，
且人數眾多，破壞甚巨。唐長孺先生〈北朝的彌勒信仰及其衰落〉一
文，提到佛教大乘思想和勢力在河北「冀、瀛二州擁有很多的群眾」[37]，
顯然也注意到了這個現象。

（二）「亡命」司馬氏勢力

明元朝的叛亂有不少由姓司馬氏者發起，這並不是一種偶然。明

---

33 分見《魏書》卷三〈太宗紀〉泰常元年、二年。

34 《魏書》卷二〈太祖紀〉天興五年。

35 《魏書》卷九〈肅宗紀〉延昌四年。

36 《魏書》卷一九上〈景穆十二王之京兆王拓跋子推傳附元遙傳〉。

37 文章收錄於唐長孺《魏晉南北朝史論拾遺》（北京市：中華書局，1983年），頁199。

元帝在位期間（西元409-423年）正值南方晉宋易代之交，東晉權臣
劉裕在禪代過程中對晉朝宗室的打壓催生出一股在政治上不甘失敗的
「亡命」[38]司馬氏勢力，他們時不時游走於南北朝的中間地帶，甚而
乘隙進入其中統治薄弱的地區，一有機會就多以晉室的大旗為號召，
鼓動起事。[39]這種情況勢必也會影響到北魏的統治地區。如上引司馬
順宰在河內起事的憑資，即是「自號晉王」[40]；司馬順之在常山也是
依靠「流言惑眾，稱受天帝命，年二十五應為人君，遂聚黨於封龍
山」[41]。這些現象一方面可見司馬氏身上殘存的政治光環仍有一定的
號召力，另一方面實際上也透露出北朝漢民對承載著漢文明的故國的
追思與認同。這股勢力在明元朝謀叛的最後一起，是泰常五年（西元
420年）五月發生的司馬國璠、司馬道賜謀逆未遂事件。司馬國璠等
人原先也是晉末「亡命」勢力中的一員（見相關注釋所引《宋書》
〈檀祗傳〉），其性格「疏直」，投奔北魏後因在一次與宗室疏屬司馬
文思的宴會中「因酒醉，遂語文思，言己將與溫楷及三城胡酋王珍、
曹栗等外叛，因說京師豪強可與為謀數十人」[42]，事後遭對方告發而

---

38 關於南北朝時期「亡命」群體的概念及其流動，參北村一仁：〈論南北朝時期的
　　「亡命」──以社會史側面為中心〉，收入《魏晉南北朝隋唐史資料》第22輯，
　　2005年、王永平：〈北魏時期南朝流亡人士行跡考述〉，收入殷憲主編：《北朝史研
　　究》（北京市：商務印書館，2004年）。

39 在劉宋也有這類例子，如《宋書》卷四十五〈王鎮惡傳附弟康傳〉：「值關、陝不
　　守，康與長安徙民……共保金墉城，為守戰之備。時有一人邵平，率部曲及并州乞
　　活一千餘戶屯城南，迎亡命司馬文榮為主。又有亡命司馬道恭自東垣率三千人屯城
　　西，亡命司馬順明五千人屯陵雲臺。順明遣刺殺文榮，平復推順明為主。又有司馬
　　楚之屯柏谷塢，索虜野阪戍主黑弰公游騎在芒上，攻逼至至……」又同書卷四十七
　　〈檀祗傳〉：「（義熙）十年（西元414年），亡命司馬國璠兄弟自北徐州界聚眾數
　　百，潛得過淮，因天夜陰暗，率百許人緣廣陵城得入，叫喚直上聽事。祗驚起，出
　　門將處分，賊射之，傷股，乃入。」

40 《魏書》卷三〈太宗紀〉神瑞元年。

41 《魏書》卷三〈太宗紀〉泰常二年。

42 《魏書》卷三七〈司馬休之傳〉。

伏誅。這次未遂叛亂事件還牽連到北海大族封氏的封玄之、封愷等人，似乎更像是一場政治鬥爭。司馬氏的這類叛亂，隨著劉宋的立國日久而逐漸在歷史上消退，他們對北朝地方的擾動也可以說是這一時期的特有現象。

二　胡族

明元帝時期共發生了七次胡族叛亂，年均○點五次，較道武帝時期的○點三八次不降反升，它與漢族叛亂的數量相比也已開始持平。以叛亂的胡族種類劃分，計有山胡三次，丁零二次，烏丸與慕容鮮卑各一次。這其中山胡部落一改道武帝時期的沉寂，不僅發動叛亂數量多，而且規模往往較大，甚至還一度造成了北魏軍隊平叛史上的首次失利。下面將據族類分述之。

（一）山胡

山胡的三次叛亂分別為：西河胡張外、曹龍等盤踞汾河流域（西元413年5月至413年8月），吐京胡出以眷反叛（西元413年10月），河西饑胡白亞栗斯、劉虎叛亂（西元415年3月至416年9月）。周一良先生說：「山胡……他們主要根據地一直是并州。」[43]明元帝時期的山胡叛亂全都發生在晉南并州地區，印證了這一說法。

永興五年（西元413年）五月丙子，明元帝大赦天下。此時據《魏書》〈太宗紀〉：「西河張外、建興王紹，自以所犯罪重，不敢解散。」這裡的「西河張外」，《資治通鑑》作「西河胡張外」[44]，則起事者為山胡部落之西河郡胡人應屬無疑。張外、王紹等人在五月大赦

---

43 周一良：〈北朝的民族問題與民族政策〉，收入氏著《魏晉南北朝史論集》，頁160。
44 《資治通鑑》晉紀義熙九年條。

時已是「所犯罪重」，可見他們的起事還要再早一些，祇是史無明文罷了。張外起事的規模可能很大，北魏朝廷甚至沒有直接圍剿，而是採取了壓迫其生存空間的方式：「（五月）庚戌，遣元城侯元屈等率眾三千鎮并州。乙卯，詔會稽公劉潔、永安侯魏勤等率眾三千鎮西河。」這迫使張外向西部的蒲子（今山西隰縣）方向移動。[45]六月，山胡群體不願束手待斃，開始主動侵襲魏軍：「濩澤劉逸自號征東將軍、三巴王，王紹為署置官屬，攻逼建興郡。」[46]但被元屈（拓跋屈）討平。秋七月，山胡內部又有另一股較大的勢力河西胡[47]進入張外的控制區：「河西胡曹龍、張大頭等，各領部擁眾二萬人，來入蒲子，逼脅張外于研子壘。外懼，給以牛酒，殺馬盟誓，推龍為大單于，奉美女良馬于龍。」[48]這使形勢發生戲劇性的變化，張外被迫讓出領導地位，而由曹龍總率胡部。八月，曹龍迫於魏軍聲勢，執送張外投降，張外被處斬，這次起事失敗。但此年并州地區的叛亂並未結束，僅過二月，據《資治通鑑》的記載：「冬十月……吐京胡與離石胡出以眷叛魏。」[49]仍舊留守在附近的北魏將軍元屈、會稽公劉潔、永安侯魏勤等部合力圍討，結果「擊吐京叛胡，失利，潔被傷，勤死之」[50]。這次鎮壓叛亂失敗是北魏政府明文記史以來的第一次，損失也很慘重，不久主將拓跋屈甚至被明元帝斬首[51]。此外，據拓跋屈本

---

45 《魏書》卷三〈太宗紀〉永興五年。

46 《魏書》卷三〈太宗紀〉永興五年。

47 在北朝史書中有西河胡、河西胡之分。二者雖同屬山胡，但分布地域有別。西河胡居西河郡（郡治隰城，今山西汾陽縣），河西胡指分布在今山西呂梁山以西的黃河東西兩岸地區的胡部。詳陳新海〈北魏的「西河胡」與「河西胡」〉，《中國歷史地理論叢》1989年第2期。

48 《魏書》卷三〈太宗紀〉永興五年。

49 《魏書》〈太宗紀〉祇記「吐京叛胡」，未書發起者出以眷之名。

50 《魏書》卷三〈太宗紀〉永興五年。

51 《魏書》卷十四〈神元平文諸帝子孫之文安公拓跋泥傳附拓跋屈傳〉：「太宗以屈沒失二將，欲斬之。時并州刺史元六頭荒淫怠事，乃赦屈令攝州事。屈縱酒，頗廢政事，太宗積其前後失，檻車徵還，斬於市。」

傳載:「吐京胡與離石胡出以兵（按:「兵」當是「眷」之訛）等叛，置立將校，外引赫連屈丐（即赫連勃勃）。」說明這次叛亂還與境外的赫連夏政權有關。兵敗造成的直接後果，應是夏國順勢控制了吐京地區，並設置了軍事鎮戍機構——吐京護軍。北魏直到第二年（神瑞元年，西元414年）二月，才由新任并州刺史樓伏連「招誘西河胡曹成等七十餘人，襲殺赫連屈子吐京護軍及其守士三百餘人，並擒叛胡阿度支等二百餘家」，奪回了吐京一帶。如此看來，山胡部落自張外而起的系列叛亂，延續時間長達九個月，聲勢之浩大，為北魏立國以來所僅見。

神瑞二年（西元415年）三月，河西胡因饑荒問題，又在上黨屯聚，「推白亞栗斯為盟主，號大將軍。反於上黨，自號單于，稱建平元年，以司馬順宰為之謀主」[52]，向南進攻河內郡[53]。四月，明元帝派公孫表率軍討伐。鑒於之前鎮壓山胡失敗的覆轍，他謹慎地「令表與姚興洛陽戍將結期，使備河南岸，然後進軍討之」[54]。此時恰逢山胡發生內訌，「眾廢栗斯而立劉虎，號率善王」[55]。公孫表自以有機可乘，貿然出討，結果「為胡所敗，軍人大被傷殺」[56]。此後山胡「其眾繁多，為患日深」[57]，明元帝轉而起用名將叔孫建繼續鎮壓山胡叛亂。至次年（泰常元年，西元416年）九月，叔孫建才大破劉虎，「斬首萬餘級。餘眾奔走，投沁而死，水為不流，虜其眾十萬餘口」[58]。這次山胡起事持續了一年半時間，從北魏方面斬首萬餘級、虜獲十萬

52　《魏書》卷三〈太宗紀〉神瑞二年。其中謀主司馬順宰是漢人，神瑞元年時曾在河內「自號晉王。太守討捕不獲」（〈太宗紀〉神瑞元年），此時又流入山胡起事隊伍中。
53　《魏書》卷三三〈公孫表傳〉:「河西飢胡劉虎聚結流民，反於上黨，南寇河內。」
54　出處同上。
55　《魏書》卷三〈太宗紀〉神瑞二年。
56　《魏書》卷三三〈公孫表傳〉。
57　見《資治通鑑》晉紀義熙十二年條，拓跋嗣語。
58　《魏書》卷二九〈叔孫建傳〉。

餘口的「戰果」來看，它也是明元帝時期規模最大的一次叛亂。山胡部眾首次推舉單于、建立年號，反映了這個部落群體內部認同的加深和希求族群獨立的願望。山胡叛亂源的活躍，是明元帝時期的一個新特徵，此後這一亂源長期持續下去，伴北魏一朝而始終[59]。

（二）其他胡族

明元時期其他胡族的叛亂有：昌黎王慕容伯兒反於平城（西元411年5月）、徒何部落[60]庫傉官斌叛走馮跋（西元416年10月）、丁零翟猛雀叛於并州南界（西元416年12月），以及丁零翟蜀叛於定州西山（西元417年4月至417年11月）。

1　慕容鮮卑

《魏書》〈慕容白曜傳〉稱：「慕容破後，種族仍繁……而其子女先入掖庭者……特多於他族。」[61]這一情況在北魏前期的叛亂史中也有所反映。永興三年（西元411年）五月，昌黎王慕容伯兒趁明元帝返回故都盛樂謁陵[62]之機，在平城「收合輕俠失志之徒李沈等三百餘人謀反」，但行事不密，消息傳入留守京師的大將奚斤耳中，結果「斤聞而召伯兒入天文殿東廡下，窮問款引，悉收其黨誅之」[63]。從慕容伯兒昌黎王的爵位來看，他應是後燕皇族一系。慕容燕政權雖亡，但其族群在魏初仍保有一定的社會力量，一有機會就躍躍欲試，

---

59 至北魏末年還有山胡劉蠡升的叛亂，時人目為「胡荒」。見《魏書》卷九〈肅宗紀〉以來各帝紀及相關人物傳記。祇是這些叛亂已不在本書討論範圍之內，故附帶言及。

60 庫傉官氏實為烏丸族，不屬徒何鮮卑，說詳第一章第二節胡族叛亂中烏丸庫傉官氏的介紹。

61 《魏書》卷五十〈慕容白曜傳〉。

62 《魏書》卷三〈太宗紀〉：「（永興三年）五月丁卯，車駕謁金陵於盛樂。」

63 引文俱見《魏書》卷二十九〈奚斤傳〉。

在此後的太武朝前期還發生過一起慕容渴悉鄰在北平發動的叛亂（始光二年，西元425年），之後才趨於沉寂。

2　烏丸庫傉官

泰常元年（西元416年）十月庫傉官氏的叛亂看來並不陌生，因為前朝的道武帝攻滅後燕時，該族的庫傉官韜就曾聚眾於漁陽起事。庫傉官氏在慕容燕滅亡後，有不少轉入遼西的北燕馮跋政權。他們對北魏的疑慮尚多，這次的叛亂者庫傉官斌即是先降魏，後叛逃回北燕控制的幽州。但明元帝隨即「遣驍騎將軍延普渡濡水擊斌，斬之」，進一步「遂攻燕幽州刺史庫傉官昌、征北將軍庫傉官提，皆斬之」[64]。這次叛亂造成魏軍連帶襲擊北燕幽州得手，擴大了東方版圖。此後烏丸庫傉官氏便在北魏的叛亂史中消失了。

3　并定丁零

太行山兩側的丁零族一直是叛亂的活躍源，在道武時期就曾出現該族鮮于次和翟猛的兩次叛亂。在明元時期，同樣發生了二次丁零的叛亂事件，其中第一次的覆蓋範圍顯得特別廣。泰常元年（西元416年）十二月，「丁零翟猛雀驅逼吏民入白㟪山（亦作白澗山），謀為大逆。」[65]白㟪山位於并州南界建興郡附近（今山西晉城市陽城縣西北），北魏朝廷詔內都大官張蒲、司衛監拓跋比干與冀州刺史長孫道生合力圍捕，張蒲採用「遣使喻之，使民不與猛雀同謀者無坐」的分化策略，「乃下數千家，還其本屬」。起事民眾的分解，導致翟猛

---

64 引文俱見《資治通鑑》晉紀義熙十二年條。

65 見《魏書》卷三十三〈張蒲傳〉。按翟猛雀之亂波及範圍較廣，同書卷五十一〈韓茂傳〉載：「太宗曾親征丁零翟猛，茂為中軍執幢。」此翟猛疑即翟猛雀，不論所指為何者，均可證〈太宗紀〉失載此次明元帝親征事。

雀「與親黨百餘人奔逃」，轉入相州西南邊界的林慮山[66]（今河南安陽林州市境內），後被當地郡縣武裝捕斬。但猛雀遺種保持了頑強的生命力，隨後又轉往相州中部的襄國和定州的行唐，在那裡與負險不供輸稅的居民結合起來反抗，最終遭到北魏左民尚書（《資治通鑑》作左部尚書）周幾的追討而夷滅[67]。這次叛亂的起因顯然是由於北魏對丁零及附近漢族居民「輸稅」的壓榨，其規模雖然不很大，但接連波及并、相、定三州，顯示了丁零在這一區域的固有影響。第二次叛亂則醞釀於泰常二年（西元417年）四月，其時正值東晉太尉劉裕西伐後秦，隔黃河頓兵北魏南境之時[68]，當月「丁未，榆山丁零翟蜀率營部遣使通劉裕。」[69]定州丁零與晉軍溝通，顯然對北魏的防禦造成很大的隱患。魏廷的長孫嵩、叔孫建諸將這時正在黃河北岸監視晉軍動向，無暇兼顧後方的翟蜀。八月，晉將王鎮惡攻克長安，滅後秦。九月，劉裕大軍進入長安。[70]此時北魏在黃河一線的壓力頓減，明元帝於是在「冬十月己酉，詔司徒長孫嵩等還京師，遣叔孫建鎮鄴」，開始向翟蜀方向圍攏。至「十有一月，司徒長孫嵩等諸軍至樂平。詔嵩遣娥清、周幾等與叔孫建討西山丁零翟蜀、洛支等，悉滅餘黨而還」[71]。

---

66 林慮山處在并、相二州交界處，似乎是當時丁零的一個保聚之所。道武帝天興五年（西元402年）十一月丁零翟都與漢人秦頗起事，秦頗遭捕斬後，翟都就曾「走林慮」，魏將莫題「搜山窮討，盡平之」。（引文見《魏書》〈太祖紀〉，同書〈莫題傳〉）

67 史料來源分見《魏書》周幾、張蒲、拓跋比干諸本傳。

68 《宋書》卷二〈武帝紀中〉：「（義熙十二年，西元417年）三月庚辰，大軍入河。索虜步騎十萬，營據河津。公命諸軍濟河擊破之。」

69 《魏書》卷三〈太宗紀〉泰常二年。按榆山不知確指，但同書當年十一月又記為「西山丁零翟蜀」，蓋榆山、西山本是一名。《資治通鑑》胡三省注「西山」：「魏安州（安州於道武天興三年已改定州，胡注小誤）之西山。」

70 相關記錄見《宋書》〈武帝紀〉。

71 《魏書》卷三〈太宗紀〉泰常二年。

第三章
太武帝時期：胡、漢矛盾迎來轉機

　　泰常八年（西元423年）十一月，明元帝病逝，太子拓跋燾即位，是為太武帝。太武帝作為北魏的第三位君主，其統治自泰常八年（西元423年）起，止於正平二年（西元452年），長達二十八點三年時間。太武朝共計發生了三十五次叛亂，年均一點二四次，與明元朝的一點〇六次相比有較明顯上升。此期部內矛盾在緩解中進一步實現了華夏式的內部關係轉型。另一方面，太武帝一改其父的穩健作風，再開道武時代東征西討的軍事征伐局面，先後滅亡赫連夏、北燕、北涼諸政權，於太延五年（西元439年）基本統一了中國北方。隨著太武帝時期疆域的不斷擴大，北中國地區越來越多的胡、漢族群也被納入了拓跋魏的統治體系。他們在反抗中不斷沖決著道武、明元以來暴力威制政策的網羅，最終促使太武帝正視胡、漢矛盾的存在，從而開始大幅度地調整其統治策略。針對胡－胡矛盾，太武帝在前期尚以大量增置軍鎮的舊制為應對策略。然而胡族叛亂依然屢禁不止、愈演愈烈，直至聲勢浩大的蓋吳起義的爆發。蓋吳起義前後，太武帝開始以編戶化為中心，在胡區通過廢置鎮戍、重建郡縣、徙民入漢等方式重塑了新的王朝君－臣（民）統治關係，從而主導了胡－胡矛盾的轉型。針對胡－漢矛盾，太武帝在即位之初即受北魏漢臣崔浩等人的影響，在政治機構、意識形態、官員微辟等方面推行了迅猛的漢化運動，使這一時期漢族群體的國家認同度獲得顯著提高，相應地有效緩解了胡－漢矛盾及其叛亂。太武朝對胡、漢統治政策的轉變開一代風氣之先，並為文成帝以後的北魏統治者所繼承和深化，直到孝文帝時期終於告一段落。

第一節　太武朝胡族統治政策的轉向

一　胡族叛亂達到頂峰

　　太武帝時期的三十五次叛亂中，有多達二十五次由胡族發動，年均〇點八八次，占叛亂總數的比率高達七十一點四。這和道武、明元朝胡族〇點三八、〇點五次的年均頻度，百分之二十二點七、百分之四十六點七的叛亂比重相較，呈現出一個急劇上升的趨勢。從叛亂的族屬來看，最多的是盧水胡[1]、山胡、匈奴諸部（含屠各、休屠等），均達到了五次。其次為高車（4次），再次為丁零、氐、羌、慕容鮮卑、禿髮鮮卑、乙弗鮮卑[2]（各1次），以及未知族屬的京畿「北部民」（1次）。由於後文有專節論述太武帝治下敵國皇室降附者（均為胡族）的叛亂，為避免重複，雖將其計入胡族類別中，但諸胡部分就不再敘述此類事件。

（一）盧水胡

　　盧水胡的叛亂剔去北涼王族沮渠氏的兩例，有：酒泉公郝溫反於杏城（西元445年3月），盧水胡蓋吳反於杏城（西元445年9月至西元446年8月），盧水胡劉超反於安定（西元446年8月）。第一起叛亂見

1　唐長孺〈魏晉雜胡考〉、周一良〈北朝的民族問題與民族政策〉均稱盧水胡與西域月氏之間存在系屬關係，馬長壽《北狄與匈奴》則認為「在盧水雜胡之中主要的部族仍是匈奴」（北京市：生活・讀書・新知三聯書店，1962年，頁127）。由於盧水胡的族源至今還有爭論，筆者仍依《魏書》的記述將該族單列出來。

2　太武時期有一次西域「柳驢戍主乙真伽」（見《魏書》〈世祖紀〉太平真君九年十二月條）的叛亂，《魏書》卷一一三〈官氏志〉所記內入諸姓有：「乙弗氏，後改為乙氏。」姚薇元《北朝胡姓考》「乙氏」條據《北史・魏文皇后乙弗氏傳》「其先世為吐谷渾渠帥，居青海，號青海王」的記載，證知該部的大致活動區域。乙氏雖有在早期進入拓跋魏政壇如乙瑰、乙渾者，但從乙真伽叛於西域的情況來看，他似乎是留居原地的乙弗部落人，不宜列入部內叛亂。

《魏書》〈世祖紀〉：「（太平真君六年）三月……酒泉公郝溫反於杏城
（今陝西延安市黃陵縣西南），殺守將王幡。」原未書郝溫族屬。姚
薇元《北朝胡姓考》「郝氏」條徵引魏晉史料，推知：「晉魏之世，除
烏丸有郝氏外，匈奴、盧水胡、稽胡以及氐叟，皆有以郝為氏者。」
如此則雖可證郝溫的族屬大體是胡族，但不能確知進一步的情況。考
〈太祖紀〉天興元年（398）四月條有「鄺城屠各董羌、杏城盧水郝
奴、河東蜀薛榆、氐帥符興，各率其種內附」的記載，則郝溫既為有
爵位之「酒泉公」，反亂地點亦在杏城，則似與前此內附之胡酋「盧
水郝奴」有著某種關聯，筆者據此將他的族屬歸入盧水胡。郝溫的起
事規模似乎並不大，隨後當地「縣吏蓋鮮率宗族討溫。溫棄城走，自
殺，家屬伏誅」[3]。但僅過半年，在杏城就爆發了北魏三朝以來最大
的一次叛亂——蓋吳起義。《魏書》〈世祖紀〉載：「（太平真君六年，
西元445年）九月，盧水胡蓋吳聚眾反於杏城。」按起事者蓋吳與半
年前討滅郝溫之亂的「縣吏蓋鮮」同姓，是否為其所率宗族之一員不
得而知。然郝溫起事時曾殺死守將，必對當地政府武裝造成一定破
壞，故有蓋鮮以宗族武力鎮壓之事。郝溫死後，蓋氏在當地的實力無
疑有所增強，這大概正可為蓋吳起事張本。南朝史書謂此後「諸戎夷
普並響應，有眾十餘萬」[4]。進入十月戊子，長安鎮副將元紇「率眾
討之，為吳所殺。吳黨遂盛，民皆渡渭奔南山」。在大好局勢下，蓋
吳先後「西略新平」、「進軍李閏堡」、「分兵掠臨晉巴東」、「西掠至長
安」，甚至南聯劉宋[5]，不斷擴大勢力範圍。一度受挫後又「復聚杏
城，自號秦地王，假署山民，眾旋復振」。起事的不斷勝利引致太武

3　《魏書》卷四下〈世祖紀下〉太平真君六年。
4　《宋書》卷九十五〈索虜傳〉。
5　《宋書》〈索虜傳〉：「北地盧水人蓋吳，年二十九，於杏城天台舉兵反虜……吳上表
　　歸順。」宋文帝劉義隆「使雍、梁遣軍界上，以相援接」，又：「太祖（指宋文帝）
　　遣使送雍、秦二州所統郡及金紫以下諸將印合一百二十一紐與吳，使隨宜假授。」

帝親征撲討，直到次年（西元446年）八月「蓋吳為其下人所殺」[6]，蓋吳諸部帥又相繼失敗後，叛亂才被徹底鎮壓下去。[7]期間僅從〈世祖紀〉的記載來看，聚眾響應蓋吳的其他族群就有「安定諸夷酋」、「李閏叛羌」、「河東蜀薛永宗」[8]「散關氐」、「屠各路那羅」，甚至有鷔鷟的漢族「叛民耿青、孫溫二壘」。見於列傳的還有「巴西氐、羌酋領」、「蠻酋仇天爾」[9]等。這次波及整個關中、一度蔓延至河東的起事，其實力之強、影響之廣，迫使北魏統治中心相繼作出各種大型軍事部署，堪為三朝以來所僅見。如太平真君六年九月，「詔發高平敕勒騎赴長安，詔將軍叔孫拔乘傳領攝并、秦、雍兵屯渭北」。十一月，「詔殿中尚書、扶風公元處真，尚書、平陽公慕容嵩二萬騎討薛永宗；詔殿中尚書乙拔率五將三萬騎討蓋吳，西平公寇提三將一萬騎討吳黨白廣平」。七年五月，「遣永昌王仁、高涼王那督北道諸軍同討之」。六月甲申，甚至調發太行山以東的河北「定、冀、相三州兵二萬人屯長安南山諸谷，以防越逸」[10]。此外，在平叛期間，魏廷開始少有地與當地漢人士族的力量結合起來。如京兆韋氏的韋閬時任武都太守，「屬杏城鎮將郝溫及蓋吳反，關中擾亂，閬盡心撫納，所部獨全」。河東汾陰薛氏的薛初古拔（薛洪祚）在「真君中，蓋吳擾動關

---

6 引文均見《魏書》卷四下〈世祖紀下〉太平真君六年。

7 關於蓋吳起事的過程，馮君實〈北魏前期各族人民的反抗鬥爭〉，《東北師大學報》（哲學社會科學版），1983年第3期、楊富華：〈論北魏初期的蓋吳起義〉，《漢中師院學報》（哲學社會科學版）（1993年第4期）二文已有較詳細的分析與議論，故此筆者在描述這一叛亂的細節方面不多贅言。

8 薛氏原為蜀地少數族（此點不僅在《魏書》卷四十二〈薛辯傳〉《北史》卷三十六〈薛聰傳〉等傳世史料中有所體現，且已多為學術界所認同。較典型的論述見陳寅恪《魏書司馬睿傳江東民族條釋證及推論》，收入氏著《金明館叢稿初編》（北京市：生活‧讀書‧新知三聯書店，2001年），遷至河東後漢化程度很快，此後甚而成為當地的望姓之一。

9 《魏書》卷四十六〈竇瑾傳〉：「從征蓋吳，先驅慰諭，因平巴西氐、羌酋領，降下數千家，不下者誅之。又降蠻酋仇天爾等三千家於五將山。蓋吳平，瑾留鎮長安。」

10 《魏書》卷四下〈世祖紀下〉太平真君六年。

右，薛永宗屯據河側，世祖親討之。乃詔拔糾合宗鄉，壁於河際，斷二寇往來之路」。河東聞喜裴氏的裴駿在蓋吳勢力來襲聞喜時，「率厲鄉豪曰：『在禮，君父有危，臣子致命。府縣今為賊所逼，是吾等徇節之秋。諸君可不勉乎！』諸豪皆奮激請行，駿乃簡騎驍勇數百人奔赴。賊聞救至，引兵退走」。[11] 蓋吳起事後，杏城乃至關中一帶的盧水胡經歷了一個廣泛而深刻的編戶化歷程，此地在數十年後的獻文帝時期再起反亂時，叛亂者已被記錄為諸如「杏城民蓋平定聚眾為逆」、「杏城民成赤李又聚黨，自號為王」[12] 的格式。從他們的姓氏上看，似乎仍為盧水胡，但大概已經成為北魏朝廷編戶齊民、從事農耕生活的一員，因此那時的史官已經難以斷定他們的族屬了[13]。

　　就在蓋吳起事行將失敗的太平真君七年（西元446年）八月，隴西地區的盧水胡劉超又在涇州的安定一帶「聚黨萬餘以叛」[14]。太武帝於是以仕履數有戰功的將領陸俟「都督秦雍諸軍事，鎮長安」。並提醒後者：「今超等恃險，不順王命，朕若以重兵與卿，則超等必合而為一，據險拒戰，未易攻也；若以輕兵與卿，則不制矣。今使卿以方略定之。」陸俟為免驚動劉超，遂「單馬之鎮」。[15] 此後他運用謀

11　三人事跡引文俱見《魏書》本傳。

12　見《魏書》卷四十三〈唐玄達傳〉。

13　唐長孺〈魏晉雜胡考〉稱：「我們知道陝北地區的種族極其複雜，如前所述有屠各、盧水、鐵弗、支胡等等。這些種族在魏初還以各別的名稱出現，而從稽胡出現了之後就不見紀載，因此我們可以推測除了與漢族同化以外，其餘避入山谷的就一律被稱為稽胡。」（見唐長孺：《魏晉南北朝史論叢》，頁424，石家莊市：河北教育出版社，2002年）按「稽胡」之名西魏北周習見，在《周書》中設有專傳，一般以為其源頭即見諸北魏史的山胡。從獻文帝時期盧水胡後裔叛亂卻不書其為盧水族的事實來看，則盧水胡此後大致有兩個分化源頭：其一是完全納入北魏國家體制者，如上述蓋平定、成赤李之輩，故已被史書稱為某地「民」；其二是為對抗北魏的統制編戶策略而與主要居於河東地區的山胡部落加深聯絡，逐漸結合成為具有共同意識形態與行動方式的「步落稽」，即成西魏北周時期史書所謂之「稽胡」。

14　此次叛亂〈世祖紀〉不載，見於《魏書》卷四十〈陸俟傳〉。

15　引文俱見〈陸俟傳〉。

略,「誘納超女,與為姻戚」,借機在與劉超的一次飲宴上「陽醉,上馬大呼,手斬超首;士卒應聲縱擊,殺傷千數,遂平之」[16]。從北魏既往的平叛方式來看,絕大多數為直接的武力鎮壓。這次轉而採用「方略」的「智取」,可能透露出北魏在隴西新附地的基層控制尚為有限。

(二)山胡

山胡的叛亂此期仍然高發,依次有胡酋卜田反於并州(西元428年3月至428年6月),山胡白龍之亂(西元434年7月至434年10月,餘部還出現於437年7月),三城胡叛逃(西元439年10月),吐京胡叛亂(西元445年2月),吐京胡、山胡曹僕渾叛亂(西元447年1月至447年2月)。

據《魏書》〈世祖紀〉神䴥元年(西元428年)六月條:「六月丁酉,并州胡酋卜田謀反伏誅,餘眾不安。」檢《史記》〈匈奴傳〉:「(匈奴)諸大臣皆世官。呼衍氏,蘭氏,其後有須卜氏,此三姓其貴種也。」又,《魏書》〈官氏志〉稱:「須卜氏,後改為卜氏。」河東并州地區自魏晉以來,多為南匈奴五部之眾所居。卜氏既是匈奴一系的貴種,匈奴後裔又是山胡諸部的主要成分之一[17],則卜田應屬山胡無疑。卜田謀反伏誅一事記在六月,其起事當在此前更早,祇是〈世祖紀〉失載。考《魏書》〈古弼傳〉:「世祖即位,(弼)以功拜立節將軍,賜爵靈壽侯。征并州叛胡。還,進為侍中、吏部尚書,典南部奏事。」而〈世祖紀〉神䴥元年(西元428年)三月條記當月「癸酉,詔侍中古弼迎赫連昌」,則古弼任侍中不會晚於神䴥元年(西元428年)三月。參以前傳稱古弼進為侍中之前的經歷即是「征并州叛

---

16 《資治通鑑》宋紀元嘉二十三年條。

17 參呂思靜《稽胡史研究》第二章〈稽胡源流〉。

胡」，則卜田起事當同樣不晚於此時，這樣至六月期間，叛亂至少已
持續三個月了。太武帝在始光三年至神䴥三年（西元426-430年）期
間，連年對西部的赫連夏政權用兵，卜田大概是注意到北魏軍事重心
的轉向，才乘虛起事。卜田失敗後，山胡諸部仍然是「餘眾不安」，
太武乃「詔淮南公王倍斤鎮慮虒（今山西忻州市五臺縣附近），撫慰
之」[18]。史載王（倍）斤用懷柔的方法「綏靜胡魏，甚收聲稱」[19]，
方始避免山胡的進一步叛亂。

　　王斤鎮撫山胡效果的顯著，還可以從數年內該地安然無事得到印
證。直到六年後，并州西河郡一帶才又發生了山胡白龍之亂：「（延和
三年，西元434年）秋七月……壬午，行幸美稷，遂至隰城。命諸軍
討山胡白龍於西河。」[20]延和三年（西元434年）七月時，太武帝已經
到西河郡的郡治隰城親征山胡，可知這一叛亂的起始時間仍然闕載。
但從官方史書對山胡叛亂屢失其始發時間推測，山胡起事之初大概因
帶有內聚性，較少越出其活動範圍而不引人注意，等到兵連禍結以
後，魏廷才加以重視。太武親征之前，白龍叛亂的情形應已很嚴重，
這從《魏書》的淮南王他、陽平王健、娥清、奚眷、陳建、源賀、薛
謹諸傳中都曾涉及這次叛亂即可見一斑[21]。太武帝親令諸軍圍攻西河

18　《魏書》卷四上〈世祖紀上〉神䴥元年。
19　見《魏書》卷三十〈王斤傳〉。據其事跡，王斤當即〈世祖紀〉之王倍斤。
20　《魏書》卷四上〈世祖紀上〉延和三年。
21　《魏書》卷十六〈道武七王之陽平王拓跋熙傳附拓跋他傳〉：「從世祖討山胡白龍於
　　西河，屠其城，別破餘黨，斬首數千級。」卷十七〈明元六王之永昌王拓跋健
　　傳〉：「後平叛胡白龍餘黨於西河。」卷三十〈娥清傳〉：「後詔清鎮并州，討山胡白
　　龍於西河，斬白龍父及其將帥，遂屠其城。」卷三十〈奚眷傳〉：「世祖幸美稷，眷
　　受詔督諸軍，共討山胡白龍於西河，破之，屠其城，斬首數千級，虜其妻子而
　　還。」卷三十四〈陳建傳〉：「世祖討山胡白龍，意甚輕之，單將數十騎登山臨險，
　　每日如此。白龍乃伏壯士十餘處，出於不意。世祖墜馬，幾至不測。建以身捍賊，
　　大呼奮擊，殺賊數人，身被十餘創。世祖壯之，賜戶二十。」卷四十一〈源賀
　　傳〉：「從擊叛胡白龍，又討吐京胡，皆先登陷陳。」卷四十二〈薛謹傳〉：「山胡白
　　龍憑險作逆，世祖詔鎮南將軍奚眷與謹自太平北入，討平之。」又《宋書》卷八十

據點兩個月後,於「九月戊子,克之,斬白龍及其將帥,屠其城」。其餘部一路出逃到黃河河套北岸地區。十月,魏軍追討,「破白龍餘黨於五原(今內蒙古包頭市西北)」。太武帝根據依附程度對白龍餘黨進行分類處置,「詔山胡為白龍所逼及歸降者,聽為平民。諸與白龍同惡,斬數千人,虜其妻子,班賜將士各有差」[22]。在這一嚴酷的舉措下,數年後的太延三年(西元437年)七月,西河郡仍有當地山胡以白龍的名義相號召,最終遭到北魏永昌王健、上黨王長孫道生的鎮壓。[23]

　　山胡部落的第三次叛亂較罕見地由居於黃河以西的三城(今陝西延安)胡發起,時在太延五年(西元439年)。這次叛亂其實與太武西征北涼沮渠氏有關。〈世祖紀〉太延五年:「八月……丙申,車駕至姑臧,牧犍兄子祖逾城來降,乃分軍圍之。九月丙戌,牧犍兄子萬年率麾下來降。是日,牧犍與左右文武五千人面縛軍門,帝解其縛,待以藩臣之禮,收其城內戶口二十餘萬,倉庫珍寶不可稱計……冬十月辛酉,車駕東還,徙涼州民三萬餘家于京師。」一方面涼州原住民被大量往東遷徙,另一方面北魏又命「(劉)潔與建寧王崇督諸軍,於三城胡部中簡兵六千,將以戍姑臧」。三城胡早在此前十二年就已內附[24],這時卻要將他們遷離故土,前往未知的隴西地區,於是發生了嘩變:「胡不從命,千餘人叛走。」劉潔遂與拓跋崇「擊誅之,虜男女數千人」[25]。

　　山胡的最後兩次叛亂均與吐京胡有關,太武帝於太平真君六年

八 〈薛安都傳〉:「索虜使(安都)助秦州刺史北賀汩擊反胡白龍子,滅之。」看來與山胡同處晉南的河東汾陰薛氏在這次平叛中也發揮了重要作用。

22 《魏書》卷四上〈世祖紀上〉延和三年。

23 《魏書》卷四上〈世祖紀上〉太延三年。

24 《魏書》卷四上〈世祖紀上〉:「(始光四年,西元427年)五月,三城胡酋鵲子相率內附。」

25 劉潔與建寧王崇之事見《魏書》卷二十八〈劉潔傳〉。此次叛亂〈世祖紀〉不載。

（西元445年）二月，曾「西至吐京，討徙叛胡，出配郡縣」[26]。從寥寥數語中可知吐京胡的這次叛亂影響不大，但太武帝「討徙叛胡，出配郡縣」的處置方式卻值得注意，這一舉動意味著北魏開始嘗試分解山胡的部落組織，對其進行宏觀的國家編戶，以達到一勞永逸的控制[27]。山胡自然不會束手待斃，他們於真君八年（西元447年）再度起事，〈世祖紀〉稱：「春正月，吐京胡阻險為盜。詔征東將軍武昌王提、征南將軍淮南王他討之，不下。」這時，另一支山胡曹僕渾率部「渡河西，保山以自固，招引朔方諸胡」。這樣，黃河東西兩岸的山胡就聯結起來了。從他們保山自固的行動方式來看，的確像是為了抗拒出配郡縣，而非侵襲外境。但是這種半獨立狀態的叛亂，在中央集權尚很強大的北魏前期也是不能容忍的，尤其是在距離平城並不為遠的晉南地區。魏廷於二月己卯，命「高涼王那等自安定討平朔方胡，因與（武昌王）提等合軍，共攻僕渾，斬之。其眾赴險死者以萬數」。就死亡人數而言，這次叛亂的規模和烈度絕對不小。一年後，太武帝借此餘威，又「徙西河、離石民五千餘家於京師」[28]，進一步削弱了山胡的力量。

（三）匈奴

匈奴內部的族群成分原本非一，這一點學界早有論及。《晉書》〈北狄匈奴傳〉記匈奴諸種：「北狄以部落為類，其入居塞者有屠各種、鮮支種、寇頭種、烏譚種、赤勒種、捍蛭種、黑狼種、赤沙種、鬱鞞種、萎莎種、禿童種、勃蔑種、羌渠種、賀賴種、鐘跂種、大樓

26　《魏書》卷四下〈世祖紀下〉太平真君六年。
27　侯旭東：〈北魏對待境內胡族的政策──從〈大代持節幽州刺史山公寺碑〉說起〉（《中國社會科學》2008年第5期）一文認為北魏政府對境內胡族相機推行的編戶化政策反映了魏初「離散部落」的艱巨性和這一策略的長期性。
28　《魏書》卷四下〈世祖紀下〉太平真君九年二月條。

種、雍屈種、真樹種、力羯種，凡十九種，皆有部落，不相雜錯。」
這大約還是漢晉時候的情況，至北魏時，仍在河東的匈奴種落已失去
原有身分標識，逐漸和該地的其他胡族融合為山胡。而休屠、屠各[29]
等族在北魏前期仍保有入塞以來的名號，因此將他們仍舊列為匈奴一
系的族群，應該是沒有問題的。匈奴叛亂源是太武時期的新現象，他
們的叛亂地點絕大部分處於秦隴地區，可見這與北魏向西的拓境有
關。匈奴在此期的五次叛亂，除了原夏國的赫連昌，依次有：休屠征
西將軍金崖（羌涇州刺史狄子玉）（西元433年2月），休屠金當川（西
元434年1月至434年4月），上邽休官呂豐、屠各王飛廉（西元440-450
年），和未知叛亂時間、地點的休屠郁原。

延和二年（西元433年）的匈奴首亂，由休屠種的金崖和羌族的
狄子玉聯合發起。《魏書》〈世祖紀〉延和二年：「二月……征西將軍
金崖與安定鎮將延普及涇州刺史狄子玉爭權構隙，舉兵攻普，不克，
退保胡空谷，驅掠平民，據險自固。」據〈世祖紀〉神䴥元年（西元
428年）七月條：「上郡休屠胡酋金崖率部內屬。」知金崖是在數年前
內附的胡酋，加在他身上的「征西將軍」軍號，榮譽多於實權。而羌
人狄子玉原為赫連夏的降將[30]，此時任軍鎮、州同設一地的涇州（安

<hr/>

29 唐長孺〈魏晉雜胡考〉認為屠各即是休屠，史書中又多見「屠各」作「休屠各」
者，學界一般沿襲唐先生的看法。陳琳國認為休屠與屠各是匈奴內部不同的部落，
理由是「在文獻記載中，不論是同一部文獻，還是不同的文獻，『休屠』與『屠各』
（或『休屠各』、『休著各』、『休著屠各』）則從未混淆過，『休屠』從不作『屠各』
之類。因此，不能因『休屠』與『休屠各』形似，就簡單地作出『休屠』與『屠
各』是『休屠各』去首字或去末字、『休屠』亦即『屠各』的判斷。」參陳琳國：
〈休屠、屠各和劉淵族姓〉，《北京師範大學學報》（社會科學版）2006年第4期。按
《魏書》所錄既有屠各，也有休屠，如〈世祖紀〉神䴥元年十月條：「上郡屠各隈
詰歸率萬餘家內屬。」延和二年十二月條：「隴西休屠王弘祖率眾內屬。」二族之
間，應有一定分野。
30 《資治通鑑》宋紀元嘉四年條（西元427年）：「六月……魏主至統萬，分軍伏於深
谷，以少眾至城下。夏將狄子玉降魏。」

定鎮）刺史，可見是祗理民政的官員[31]。在此情況下，二者與安定鎮
將延普所爭之「權」必然是軍事權力。但他們起事不利，退保安定郡
治東南的胡空谷後，魏廷又「詔散騎常侍、平西將軍、安定鎮將陸俟
討獲之」[32]。金崖等被抓獲後可能未被馬上處決，但到當年十二月，
〈世祖紀〉已稱：「金崖既死，部人立崖從弟當川領其眾。」金當川
遂於次年（西元434年）正月再度起事，至閏三月「戊子，金當川率
其眾圍西川侯彭文暉於陰密」，可見事態擴大，北魏的涇州地方武裝
已經無法鎮壓這次叛亂了。在此情況下，太武帝於「夏四月乙未，詔
征西大將軍常山王素討當川」。丁未，他親自「行幸河西。壬戌，獲
當川，斬之于長安以徇」[33]。

　　金當川之亂持續近五個月，北魏在鎮壓過後必然加強了對隴西匈
奴的控制。此後數年，均未見匈奴種落的叛亂事件。接下來的第三起
叛亂不載於記錄國家大事的〈世祖紀〉，而出現於〈呂羅漢傳〉中：
「羅漢仁篤慎密，弱冠以武幹知名……世祖嘉之，徵為羽林中郎。上
邽休官[34]呂豐、屠各王飛廉等八千餘家，據險為逆，詔羅漢率騎一千

---

31 周一良〈北魏鎮戍制度考〉已論及北魏的州鎮並立現象：「鎮之種類約有二別。或
　設於全不立郡之地；或設於州郡治所，易言之，即州郡與鎮並立於一地。前者鎮
　將兼理軍民政務；後者則鎮將綰軍而刺史治民。」文章收入氏著《魏晉南北朝史論
　集》，頁215。

32 《魏書》卷四上〈世祖紀上〉延和二年。又同書卷四十〈陸俟傳〉：「平休屠金崖、
　羌狄子玉等叛，復轉為使持節、散騎常侍、平西將軍、安定鎮大將。」則金崖之亂
　發生後，原安定鎮將延普就被陸俟取代。

33 《魏書》卷四上〈世祖紀上〉延和三年。

34 《資治通鑑》晉紀太元十七年（西元392年）：「十二月……休官權千成據顯親，自
　稱秦州牧。」胡注：「休官，雜夷部落之名。」唐長孺〈魏晉雜胡考〉以休官為氏
　族，但沒有論據。此後休官族源未見有人討論。《魏書》中涉及休官的叛亂僅兩
　次，其一已見上文，另一處為卷五十一〈封敕文傳〉：「略陽王元達因梁會之亂，聚
　眾攻城，招引休官、屠各之眾，推天水休官王宜興為秦地王。」這裡休官再次與屠
　各混在一起，且休官名為「王宜興」者，王姓亦多見於屠各種，可知這兩支族群關
　係的密切。故此筆者將休官也歸為匈奴一系的胡部。

討擒之。」唯不書年月。按傳中敘呂羅漢平叛前，有拒擊楊難當事，《資治通鑑》繫於元嘉十六年（西元439年）十二月；呂羅漢平叛以後又曾「從征懸瓠」，據〈世祖紀〉《資治通鑑》，此事發生在太平真君十一年（西元450年）。如此則可確定呂豐、王飛廉之叛正發生在太平真君年間（西元440-450年）。匈奴叛亂的最後一條記載，無時間、地點信息，獨見於〈拓跋素傳〉：「素……少引內侍，頻歷顯官，賜爵尚安公，拜外都大官。世祖初，復襲爵。休屠郁原等叛，素討之，斬渠率，徙千餘家於涿鹿之陽，立平原郡[35]以處之。」太武帝時期鎮壓胡族以後的徙民編戶策略，已見於前述山胡叛亂之例。

（四）高車（敕勒）

高車的叛亂不見於道武、明元二朝，在太武帝時卻成一股亂源，此期共計發生四次叛亂：雲中、河西敕勒（西元430年3月），雲中敕勒（西元430年4月），懷荒鎮諸高車莫弗（西元434年），薄骨律鎮高車（西元436年後）。考《魏書》〈蠕蠕傳〉：「（神䴥二年，西元429年）四月，世祖練兵於南郊，將襲大檀（柔然主名）……六月，車駕次於菟園水，去平城三千七百里。分軍搜討，東至瀚海，西接張掖水，北渡燕然山，東西五千餘里，南北三千里。高車諸部殺大檀種類，前後歸降三十余萬，俘獲首虜及戎馬百餘萬匹。」此後，又據同書〈高車傳〉：「世祖征蠕蠕，破之而還，至漠南，聞高車東部在已尼陂，人畜甚眾，去官軍千餘里，將遣左僕射安原等討之……乃遣原等並發新附高車合萬騎，至于巳尼陂，高車諸部望軍而降者數十萬落，獲馬牛羊亦百餘萬，皆徙置漠南千里之地。」按太武帝襲巳尼陂高車

---

35 此平原郡並非與之同名的冀州平原郡（治今山東聊城一帶），據毋有江《北魏政區地理研究》（復旦大學2005屆博士學位論文），頁86引王仲犖注，在「今河北懷來縣西南桑乾河南岸。」

事在神䴥二年八月[36]，這樣僅在神䴥三年（西元429年）的六、八兩個月就分別有「三十餘萬」、「數十萬落」的大量高車人口降附於魏。高車諸部的叛亂又集中發生於西元四三〇至四三四年之間，可見這類亂源就是太武帝北伐柔然時順勢「徙置（高車）於漠南千里之地」所帶來的副產品。

第一起叛亂在神䴥三年（西元430年）三月：「癸卯，雲中、河西敕勒千餘家叛。尚書令劉潔追滅之。」[37] 〈劉潔傳〉則道出了他們的叛亂原因：「敕勒新民以將吏侵奪，咸出怨言。」這些敕勒眾本為太武逼迫而至，遂「期牛馬飽草，當赴漠北」。事機不密，為北魏尚書令劉潔察知，他與左僕射安原上奏，建議「及河冰未解，徙之（指敕勒新民）河西，冰解之後，不得北遁」。太武帝認為：「此等習俗，放散日久，有似園中之鹿，急則衝突，緩之則定。吾自處之有道，不煩徙也。」但劉潔等「固執，乃聽分徙三萬餘落於河西，西至白鹽池」。進一步的逼徙其實適得其反，導致「新民驚駭」而有「數千騎北走」，劉潔雖然追擊獲勝，但也使「走者糧絕，相枕而死」[38]，給北魏的統治聲譽造成了很壞的影響。在此情況下，太武帝在四月親自前往雲中視察，卻仍然繼發了「敕勒萬餘落叛走」的事件。後由尚書封鐵「追討滅之」[39]。

之後的兩起高車叛亂，其意似已不在於由叛逃而脫離北魏的控制，他們轉而傾向通過暴動在當地獲得更大的自主權。延和二年（西元433年）二月，在討平休屠金崖的叛亂後[40]，安定鎮將陸俟被召為散騎常侍，不久出任懷荒鎮將。「未期歲，高車諸莫弗[41]訟俟嚴急無恩，

---

36 見《魏書》卷四上〈世祖紀上〉神䴥二年，《資治通鑑》宋紀元嘉六年條。

37 《魏書》卷四上〈世祖紀上〉神䴥三年。

38 《魏書》卷二十八〈劉潔傳〉。

39 太武帝行幸雲中事和以上引文見〈世祖紀〉神䴥三年四月條。

40 其事見上節匈奴叛亂部分。

41 莫弗，高車等北族部落首領的稱謂。

復請前鎮將郎孤。」陸俟向太武帝分析這次訴訟的真實原因：「高車不知上下之禮，故臣臨之以威，制之以法，欲以漸訓導，使知分限。而諸莫弗惡臣所為，訟臣無恩，稱（郎）孤之美。」郎孤上任後必然「悅其稱譽，益收名聲，專用寬恕待之。無禮之人，易生驕慢，不過期年，無復上下」。如陸俟所料，一年後「諸莫弗果殺郎孤而叛」[42]。此後懷荒鎮的叛亂形勢如何，由於史書闕載，不可得知了。太武朝可能的最後一起敕勒叛亂見於《魏書》〈奚兜傳〉：「兜，世祖時親侍左右，隨從征討，常持御劍。後以罪徙龍城。尋徵為知臣監。出為薄骨律鎮將，假鎮遠將軍，賜爵富城侯。時高車叛，圍鎮城。兜擊破之，斬首千餘級。」按《魏書》〈地形志〉：「靈州，太延二年（西元436年）置薄骨律鎮。」知奚兜平定這次叛亂必在西元四三六年以後。高車的後兩次叛亂均發生在北鎮地區，表明自數十萬落東部高車被太武帝徙置漠南後，北鎮居民中的高車族人大大增加了。北魏末年「六鎮之亂」中屢見不鮮的敕勒面孔，其本源大概多出此時。

（五）其他胡族

此期由其他胡族發動的叛亂事件計有七次，下面根據族類分述之。

1　丁零

河北定州一帶的丁零叛亂在道武、明元朝雖不甚頻繁，但史籍屢見，此期唯一的丁零起事同樣發生在定州：「（神䴥元年，西元428年）冬十月……定州丁零鮮于臺陽、翟喬等二千餘家叛入西山，劫掠郡縣。州軍討之，失利。詔鎮南將軍、壽光侯叔孫建擊之。」[43]其

---

42 引文見《資治通鑑》宋紀元嘉十年（西元433年）二月條。〈世祖紀〉不載此次叛亂，〈陸俟傳〉記此事而無年月，宋元嘉十年即魏延和二年，今從《資治通鑑》繫年。

43 《魏書》卷四上〈世祖紀上〉神䴥元年。

中，定州的西山應是丁零經常保聚的地點——早在明元帝泰常二年（西元417年）十一月，魏將長孫嵩就曾派遣「娥清、周幾等與叔孫建討西山丁零翟蜀、洛支等」[44]。這次鮮于臺陽等人又叛入此地，在州軍進討失敗的情況下，有鎮壓西山丁零經驗的叔孫建被再次起用也是自然而然。在叔孫建的軍事壓力下，神䴥二年（西元429年）春正月，「丁零鮮于臺陽等歸罪，詔赦之」[45]，這次叛亂被化解。

2 氐

氐族的叛亂不見前此二朝，這與太武帝的擴境有關。自始光三年（西元426年）北魏攻陷夏國關中以後，就與秦、隴交界處的氐楊仇池政權接壤了。氐王楊難當在西元四四一年因覬覦南朝劉宋的領地，「傾國入寇，謀據蜀土」[46]，反被宋將裴方明、劉真道等擊敗，宋軍於次年順勢攻入仇池，滅其國。北魏見此機會亦不甘示弱，隨後派遣安西將軍古弼、征西將軍皮豹子等率軍襲擊劉宋的這一新占領區，至西元四四三年正月，擊敗宋軍，取得仇池。北魏在仇池地區的統治方式是：一方面立楊保宗為武都王，表面上恢復了氐族楊氏在當地的統治；另一方面派宗室河間公拓跋齊「與武都王楊保宗對鎮駱谷」，這說明楊氏政權此時已是傀儡。基於上述背景，太平真君四年（西元443年）史謂：「夏四月，武都王楊保宗謀反。」但因叛亂前消息洩漏[47]，楊保宗被諸將擒送京師。於是「諸氐、羌復推保宗弟文德為主，圍仇池。」魏廷對於氐人的叛亂早有準備，至五月，魏將古弼、拓跋齊、皮豹子等就進軍大破諸氐[48]，解了仇池之圍。

44　《魏書》卷三〈太宗紀〉泰常二年。

45　《魏書》卷四上〈世祖紀上〉神䴥二年。

46　《資治通鑑》宋紀元嘉十八年十一月條。

47　《魏書》卷十四〈神元平文諸帝子孫之河間公拓跋齊傳〉：「時保宗弟文德說保宗閉險自固，有期矣，秦州主簿邊因知之，密告齊。」

48　分見〈世祖紀〉太平真君四年，拓跋齊、皮豹子諸人本傳。

3 羌

以羌族為主要發起者的叛亂，在太武朝僅有羌涇州刺史狄子玉。狄子玉與匈奴屠各種的酋長金崖於延和二年（西元433年）二月聯合起事，後被鎮壓。詳見前文胡族叛亂的匈奴部分。

4 鮮卑

此期的鮮卑共有三次叛亂，但分別源於慕容、禿髮、乙弗各部，內中互無關聯，祇說明鮮卑種族在北方散布程度的繁盛罷了。第一起叛亂早在太武帝即位的第三年（西元425年），〈世祖紀〉稱：「（始光二年）二月，慕容渴悉鄰反於北平，攻破郡治，太守與守將擊敗之。」這起河北慕容氏的反叛上距後燕滅亡已近三十年，過後《魏書》再無慕容氏的叛亂記載，可謂絕響。第二起由早期投誠北魏的南涼王族禿髮保周發動。太延五年（西元439年）九月太武帝滅北涼後，於十月命「張掖王禿髮保周諭諸部鮮卑」，後者大概是看到涼州新定，河西鮮卑諸部尚在，便激發了興復之志，於是他就地「率諸部叛於張掖」。叛亂持續數月後，正逢北涼餘部沮渠無諱勢力攻擊北魏的酒泉郡，二者多處盤結，一度使北魏的隴右局勢轉而複雜化。魏廷在次年夏四月「丙戌，詔撫軍大將軍、永昌王健等督諸軍討保周」。五月，沮渠無諱又與禿髮保周一道合圍仍處於北魏掌控下的張掖城，然而前者持續一段時間後不克而退，禿髮保周至此逐漸陷入困境。進至秋七月後，「己丑，永昌王健至番禾，破保周。周遁走……癸丑，保周自殺，傳首京師」[49]。接下來第三起乙弗部的乙真伽叛亂發生在西域焉耆的柳驢戍，這其實是北魏將領萬度歸西征行動中的一個小插曲。〈世祖紀〉太平真君九年（西元448年）：「九月……成周公萬度歸千里襲上，大破焉耆國，其王鳩尸卑那奔龜茲……十有二月，詔成周

---

49 引文分見〈世祖紀〉太延五年、太平真君元年。

公萬度歸自焉耆西討龜茲。」又〈唐和傳〉：「後同征龜茲，度歸令和
鎮焉耆。時柳驢戍主乙真伽率諸胡將據城而叛，和領輕騎一百匹入其
城，擒乙真伽，斬之。由是諸胡款附。西域克平，和有力也。」

5　北部民

太平真君五年（西元444年）曾發生一起規模不小的叛逃事件，
〈世祖紀〉載：「六月，北部民殺立義將軍、衡陽公莫孤，率五千餘
落北走。追擊於漠南，殺其渠帥，餘徙居冀、相、定三州為營戶。」
北魏自道武帝天興元年（西元398年）以來，就曾「徙山東六州民吏
及徒何、高麗雜夷三十六萬，百工伎巧十萬餘口，以充京師」[50]。在
不斷的征戰中，又有高車、山胡、柔然、丁零等族被遷入京畿平城地
區，分見《魏書》諸帝紀與列傳，此不須多論。這一地區居民來源的
複雜，可能是史家無法判斷其族屬，祇能以「北部民」泛泛稱之的原
因。唯紀中稱「北部民」的社會組織為「落」，叛逃方式又是「北
走」，則其主體不屬漢族已可明確，因此將這起叛亂附於胡族叛亂中
記述。將叛亂的胡族擊敗後徙其餘部至文明化程度高的地區，是太武
帝統治中後期以來常用的方式，這一次叛民則被編入河北地區的營戶
（兵戶）中。

（六）降附的「亡國之餘」

北魏初期降附的敵對政權「亡國之餘」原有兩類，一類是其國家
的滅亡與北魏無直接關係而輾轉歸附者，如為東晉所滅的後秦姚成
都、姚和都、姚黃眉，為西秦所滅的南涼禿髮破羌（源賀）、禿髮保
周等。魏廷對這些降人的管控比較空疏，也允許他們憑藉能力參與到
國家政治中。上述人物除禿髮保周借機起事被誅外，其餘如姚黃眉得

50　《魏書》卷二〈太祖紀〉天興元年。

以外戚任地位崇重的內都大官；禿髮破羌甚至被賜姓拓跋氏、獲得代表北魏宗室的「直勤」地位[51]，成為魏朝一代名臣，子孫仕宦不斷。另一類降人的投附則本與北魏的攻擊行動有關，太武時期的東征西伐，必然導致不少敵國統治階級的成員淪為階下囚。在最初的時間裡，他們一般會被禮待而委以官爵，但此後則往往境況不變。此期的三起叛亂就與這一類「亡國之餘」有關。他們分別是：秦王赫連昌（西元434年閏3月）、東雍州刺史沮渠秉（西元444年7月），和河西王沮渠牧犍（西元447年3月）。

〈世祖紀〉延和三年（西元434年）：「三月甲寅，行幸河西。閏月甲戌，秦王赫連昌叛走。丙子，河西候將格殺之。驗其謀反，群弟皆伏誅。」考赫連昌自神䴥元年（西元428年）在和魏軍交戰中被擒後，於神䴥三年（西元430年）三月受封爵為秦王。這數年期間「（拓跋）燾常使昌侍左右，常共單馬逐鹿，深入山澗。昌素有勇名，諸將咸謂昌不可親，燾曰：『天命有在，亦何所懼。』親遇如初」[52]。這時夏國政權殘餘掌握在其弟赫連定的手上，赫連定在西元四三〇年尚「將數萬人東禦於鄜城（今陝西延安市洛川縣東南）」，太武帝於是在十月的時候「使赫連昌招諭之」[53]，但對方沒有投降。隨著西元四三一年赫連定為吐谷渾勢力襲殺，夏國徹底滅亡，此後未見赫連昌在魏廷有何種政治活動，直到西元四三四年他的突然謀反。基於上述史料的羅列，我們大致可以推知赫連昌的謀反與政治上的迫害脫不了關係：一來夏國餘部敗滅後，赫連昌的可利用價值已經失去；二來諸如此類的敵國降酋，總是國內的一股不安定力量，慕容氏亡國後在北魏三朝時起時落的叛亂即是顯例。

---

51 參山西省大同市博物館、山西省文物工作委員會〈山西大同石家寨北魏司馬金龍墓〉(《文物》1972年第3期）墓志。又《宋書》卷九五〈索虜傳〉載有北魏官員「侍中、太尉、征東大將軍直勤駕頭拔」，即其人。

52 見《宋書》卷九十五〈索虜傳〉。

53 《魏書》卷四上〈世祖紀上〉神䴥三年。

接下來兩次北涼沮渠氏王族的「謀亂」，在性質上略有不同。據〈世祖紀〉，太平真君五年（西元444年）「秋七月癸卯，東雍州刺史沮渠秉謀叛伏誅。」〈沮渠秉傳〉：「蒙遜子秉，字季義。世祖以其父故，拜東雍州刺史。險詖多端，真君中，遂與河東蜀薛安都謀逆。至京師，付其兄弟扼而殺之。」這樣沮渠秉的同謀多了一個薛安都。〈薛安都傳〉亦稱：「真君五年，（安都）與東雍州刺史沮渠秉謀逆，事發，奔於劉義隆。」薛安都曾仕於南北二朝，在《魏書》、《宋書》中皆有傳，然而《宋書》〈薛安都傳〉記其南奔劉宋的細節卻是：「元嘉二十一年，索虜主拓跋燾擊芮芮大敗，安都與宗人薛永宗起義，永宗營汾曲，安都襲得弘農。會北地人蓋吳起兵，遂連衡相應。燾自率眾擊永宗，滅其族，進擊蓋吳。安都料眾寡不敵，率壯士辛靈度等，棄弘農歸國。」元嘉二十一年即魏太平真君五年，但《宋書》明言薛安都是在此後參與薛永宗起義失敗後南奔的，則其南奔實在太平真君七年（西元446年）正月[54]以後，不僅事由不同，與《魏書》所言也差了兩年時間。筆者以為，《魏書》、《宋書》所載實為一事，祇不過各錄其發展過程之一端罷了。試推演如下：

太平真君五年（西元444年），太武帝北伐柔然失利回朝[55]，東雍州刺史[56]沮渠秉發現北魏政局不穩，於是聯絡東雍州鄰境的汾陰薛安都地方武裝準備發動叛亂，但被告發而伏誅。薛安都逃免後並未直接投向劉宋，因為次年（西元445年）三月、九月在關隴地區就相繼爆發了酒泉公郝溫和聲勢浩大的蓋吳之亂。安都遂與其同鄉薛永宗一道

54　《魏書》卷四下〈世祖紀下〉太平真君七年：「春正月戊辰，車駕次東雍州。庚午，圍薛永宗營壘。永宗出戰，大敗。六軍乘之，永宗眾潰。永宗男女無少長赴汾水死。」

55　據〈世祖紀〉，太武帝回平城的時間其實在真君四年年底：「十二月辛卯，車駕至自北伐。」

56　《魏書》卷一〇六上〈地形志上〉：「真君四年置東雍州，太和十八年罷。」真君四年即西元443年，沮渠秉當是東雍州的首任刺史，該州或亦專為他設置。

又參與了這次聯合起事，並曾攻占北魏的弘農。直到西元四四六年一月薛永宗敗亡後，他才「棄弘農歸國」。從沮渠秉謀逆事發後，關隴乃至河東地區果真發生大規模叛亂的情形來看，沮渠秉的謀劃是不無根由的，那麼這次叛亂似乎並不是一起冤案。

魏廷將沮渠秉解送「至京師，付其兄弟扼而殺之」，顯然已對沮渠氏降人表示了不滿。這種殺雞儆猴式的懲罰祇是開始，三年後的太平真君八年（西元447年）三月，〈世祖紀〉載：「河西王沮渠牧犍謀反，伏誅。」〈沮渠牧犍傳〉對沮渠一族的行為進行指摘：「初（指西元439年北魏受北涼之降前），官軍未入之間，牧犍使人斫開府庫，取金銀珠玉及珍奇器物，不更封閉。小民因之入盜，巨細蕩盡。有司求賊不得。真君八年，其所親人及守藏者告之，上乃窮竟其事，搜其家中，悉得所藏器物。又告牧犍父子多畜毒藥，前後隱竊殺人乃有百數；姊妹皆為左道，朋行淫佚，曾無愧顏。始罽賓沙門曰曇無讖，東入鄯善，自云『能使鬼治病，令婦人多子』，與鄯善王妹曼頭陀林私通。發覺，亡奔涼州。蒙遜寵之，號曰『聖人』。曇無讖以男女交接之術教授婦人，蒙遜諸女、子婦皆往受法。世祖聞諸行人言曇無讖之術，乃召曇無讖。蒙遜不遣，遂發露其事，拷訊殺之。」指摘的理由絕大多數無非指向「藏匿財物」、「私德有虧」兩項，僅以此故，太武帝就下令「賜昭儀沮渠氏死，誅其宗族」。當年，又有人「告牧犍猶與故臣民交通謀反」，太武遂詔令司徒崔浩「就公主第賜牧犍死」。這應是沮渠秉事件後，北魏對沮渠家族進一步的政治肅清[57]。

---

57 此後沮渠氏受「謀逆」罪名伏誅的，還有沮渠萬年、沮渠祖（皆沮渠牧犍兄子）。據《魏書》卷九十九《沮渠蒙遜傳附沮渠萬年、沮渠祖傳》：「萬年、祖並以先鋒，萬年拜安西將軍、張掖王，祖為廣武公。萬年後為冀定二州刺史，復坐謀逆，與祖俱死。」他們牽涉的叛亂為正平二年（西元452年）南來降民之叛，見下文漢族叛亂一節。

二　以編戶化為中心：胡－胡統治政策全面改革之始

　　針對被統治的胡族，太武帝在其執政的前、中期沿用了道武、明元以來的軍事威懾政策，這可以由此期史料中持續增加的軍鎮數量得到佐證。且由於國家版圖的不斷擴大，太武帝一度將軍鎮機構廣泛地設置在幾乎所有新征服地區，從而將北魏的鎮戍體系推向了頂峰。茲舉數例如下：

　　統萬鎮：始光三年（西元426年），太武帝趁赫連勃勃病死之機，開始用兵討伐西北的赫連夏。次年，魏軍攻陷夏國首都統萬城。據《魏書》〈地形志〉夏州注：「赫連屈孑所都，始光四年（西元427年）平，為統萬鎮。」可知北魏據有統萬的當年就在該地設立統萬鎮以資威懾。

　　長安鎮：神䴥三年（西元430年），魏軍進一步攻擊夏國的關中。《魏書》〈世祖紀〉：「十有二月丁卯，（夏國君主赫連）定弟社于、度洛孤面縛出降，平涼平，收其珍寶。定長安、臨晉、武功守將皆奔走，關中平。」又據《魏書》〈李順傳〉：「以順為太常，策拜蒙遜為太傅、涼王。使還，拜……長安鎮都大將。」按北涼國主沮渠蒙遜受北魏封涼王之事見於《魏書》〈世祖紀〉神䴥四年（西元431年），知太武帝在奪取夏國關中地區的次年即設置了長安鎮。

　　和龍鎮：太延二年（西元436年），太武帝出兵攻克北燕國都和龍。據《魏書》〈地形志〉營州注：「治和龍城。太延二年為鎮。」則是北燕亡後便在當地置鎮。

　　涼州鎮：太武帝在吞併北燕後又相繼攻滅隴西的北涼政權，統一了北方。據《元和郡縣圖志》「涼州」條：「後魏太武帝改州置鎮，置四軍戍。孝文帝太和十四年（西元490年），復為涼州。」又，《魏書》〈地形志〉涼州注稱：「神䴥（西元428-431年）中為鎮，太和中復。」按神䴥年間涼州尚在北涼控制下，北魏不得置鎮，嚴耕望先生

已指出〈地形志〉記述有誤[58]。據《魏書》〈世祖紀〉，太延五年（西元439年）九月魏軍在涼州姑臧城外接受沮渠牧犍的投降，「冬十月辛酉……留驃騎大將軍、樂平王丕，征西大將軍賀多羅鎮涼州」。知涼州鎮的設置實在西元四三九年十月，也即魏軍滅亡北涼的當年。

除此以外，據嚴耕望先生的考索，太武帝時期在境內增設的軍鎮還有沃野、懷朔、武川、撫冥、柔玄、懷荒、赤城、崎城、吐京、蒲阪、枋頭、高平、安定、雍城、上邽、武都、薄骨律、枹罕、鄯善、敦煌、焉耆、明壘、襄城二十三個，會同上述四鎮，共計二十七個軍鎮[59]。北魏前期（西元386-493年）共有軍鎮五十一個，據此則太武帝所設就占到其中的過半數額。上述軍鎮除防備柔然的北邊六鎮以外，絕大多數又設置在太行山以西的河東、關中、隴右這些胡族人口大量聚居的地區，說明鎮戍制度在太武帝時期具有更明確的指向性——對漢族的軍事控制有所鬆弛，而在一定時期內對胡族施以「威制」的力度反而加強了。

太武帝對前朝統治政策的繼承並沒有收到預期的效果。這已可從上文太武朝的叛亂情形中找到答案：這一時期二十五次的胡族叛亂事件達到總叛亂數的百分之七十一點四，而胡族叛亂比率在道武和明元時期分別僅為百分之二十二點七和百分之四十六點七，可見北魏立國以來拓跋鮮卑與被征服諸胡之間的矛盾隨著時間的推移非但沒有出現消釋跡象，反而是逐年加深的。統治區內的胡亂演變到觸目驚心的程度，不斷考驗著「威制」政策的效力。當矛盾的累積達到頂點時，終於在太武帝統治後期的太平真君六、七年間（西元445-446年）爆發了規模空前、震動關隴的蓋吳起義[60]。蓋吳起義的秦隴一帶歷來是軍

---

58 見嚴耕望：《北魏軍鎮制度考》「州鎮」條。

59 見嚴耕望：《中國地方行政制度史‧魏晉南北朝地方行政制度》下冊第十一章〈北魏軍鎮〉。

60 蓋吳起義的細節詳見上一小節〈胡族叛亂達到頂峰〉之盧水胡部分。

事鎮戍機構林立的區域，但是在蓋吳立足本土，西連隴右、東結河汾諸胡的時節，史料中卻見不到幾許鎮戍機構對其軍事行動進行遏制的記錄，頗令讀史者感到奇怪。究其原因，有學者以為諸如護軍這樣的地方單位，本身依靠吸收當地酋豪進入其行政組織並藉此得以運行，這一濃厚的羈縻特性非但不能有效地控制叛亂地區的局勢，反而容易引致擁有大量胡族的護軍機構倒戈向魏[61]。結合北魏前期大量的叛亂史料來看，這一推斷應是正確的。正是在這樣的嚴峻形勢下，太武帝在動用國家力量大肆翦除秦隴地區的盧水、屠各、氐、羌諸叛胡後，並沒有簡單地回師了事，而是首度嘗試以編戶化為中心，通過廢置鎮戍、重建郡縣、徙民入漢的方式重塑了胡區的統治關係，開創了將胡－胡統治關係向胡－漢統治關係轉化的新局面。其中的具體表現為：

太武帝於蓋吳之亂後在關中廢棄了一些護軍，而易之以傳統漢地王朝行政制度的郡縣。據宋敏求《長安志》「雲陽縣」條：「太平真君七年（西元446年）罷撫夷護軍，別置雲陽縣，屬北地郡。太武太平真君七年罷銅官護軍，置銅官縣，屬北地郡。」則自曹魏明帝以來就在這裡長期設置的撫夷護軍[62]，終於在蓋吳之亂被平定後的當年遭到廢棄，在當地改置了雲陽縣。銅官護軍也於同年被改置為銅官縣。又《太平寰宇記》耀州「美原縣」條：「美原縣……屬左馮翊，本秦厲公置。苻秦時置土門護軍，後魏太平真君七年割入同官縣。」同書耀州「三原縣」條：「後魏太平真君七年罷三原護軍，置三原縣。」同書坊州「宜君縣」條：「前秦苻堅於殺祤古城北置宜君護軍，《元和

---

61 見戴衛紅：〈蓋吳起義與關中地方行政體制變革〉，《中國史研究》2009年第3期、侯旭東：〈北魏對待境內胡族的政策——從〈大代持節幽州刺史山公寺碑〉說起〉。

62 李吉甫：《元和郡縣圖志》（北京市：中華書局，1983年）京兆雲陽縣條：「本漢舊縣，屬左馮翊。魏司馬宣王撫慰關中，罷縣，置撫夷護軍。」按《三國志》記司馬懿為都督雍、梁二州諸軍事鎮守關中之時，在太和五年（西元231年），其去職時間在青龍四年（西元236年），則撫夷護軍也應置於這數年之中。太和、青龍年號正當魏明帝曹睿之時。

志》云後魏真君七年改為宜君縣。」則關中地區還有土門、三原、宜君護軍也正好在真君七年被同時改置為美原、三原、宜君三縣。[63]護軍改縣，如果祇涉及外在名號的變更，那麼它便毫無存在的意義。顯而易見，改制過程中原有的行政組織與官吏成分必然也要隨之轉化，以適應郡縣單位的運作需要，在此基礎上進一步將漢地的管理模式滲透入部族組織當中，將他們漸次吸納為郡縣編戶民也就成了其中的應有之義。

與護軍之裁撤大約同時，在太平真君六、七年前後的一段時間，太武帝還有意識地裁撤了一些軍鎮。載籍可考者如：

柏壁鎮：《元和郡縣圖志》「絳州正平縣」條：「柏壁，在縣西南二十里。後魏明（元）帝於此置柏壁鎮。太武帝廢鎮置東雍州。」又，《魏書》〈地形志〉：「真君四年（西元443年）置東雍州。」

和龍鎮：《魏書》〈地形志〉營州注：「治和龍城。太延二年（西元436年）為鎮，真君五年（西元444年）改置。」

肆盧鎮：《魏書》〈地形志〉肆州注：「治九原。天賜二年（西元405年）為鎮，真君七年（西元446年）置州。」

學界歷來多以北魏的「改鎮為州」始於魏末孝明帝時，後又意識到孝文帝時期就已開始裁撤軍鎮。實則據上引材料，最早裁撤軍鎮之例正可以上溯到太武朝後期。太武帝所設軍鎮數量之多冠絕北魏諸代，然而最早實行改鎮為州者恰恰又是其本人，這種矛盾正反映了他對既往北魏胡族統治策略的反思，變革遂隨之開始。

除了裁撤以胡區為主的鎮戍機構、將胡族就地轉為本地編戶民之外，太武帝時期還有另外一種轉化渠道，即異地編戶措施。其方式往往是在鎮壓某處叛胡後隨即大量徙其遺種散居入山東的漢族居民區或

---

63 以上護軍改置情況及引文，主要參考了戴衛紅〈蓋吳起義與關中地方行政體制變革〉一文的研究。

北魏畿內「計口授田」的農耕區，藉以分化胡族舊有的部落組織，加快他們融入編戶齊民體制的步伐。太武帝時期針對叛亂的胡族進行強制徙民的記錄，數見於《魏書》〈世祖紀〉：

太平真君五年（西元444年）：「六月，北部民殺立義將軍、衡陽公莫孤，率五千餘落北走。追擊於漠南，殺其渠帥，餘徙居冀、相、定三州為營戶。」

太平真君六年（西元445年）：「二月，遂西幸上黨……西至吐京，討徙叛胡，出配郡縣。」

太平真君八年（西元447年）：「三月，徙定州丁零三千家於京師。」

太平真君九年（西元448年）：「二月……遂西幸上黨，誅潞叛民二千餘家，徙西河、離石民五千餘家于京師。」

從中可知太武朝的徙民編戶之舉同樣集中於蓋吳之亂發生的前後數年間，這一策略的推行應是與護軍、軍鎮的裁撤和郡縣的重置同時進行、互為表裡的。

編戶化的本質是向同期華夏王朝體制發展程度靠攏的文明轉型，而王朝體制化程度的加深在統治和被統治者方面則會帶來兩個變化：就統治者而言，表現為被統治族群編戶方式的改變。當以「落」為單位、從事游牧或農牧混合型的胡族被依照漢地方式編入華夏國家的戶籍以後，它就再也難以像原先那樣游離於國家機器之外，北魏政府由此超越了「羈縻」階段，得以對他們實行更為嚴密的掌控。

就被統治者而言，則表現為自身生產方式的改變。諸胡原先大多生活在游牧文明帶，其落後的生產方式必然導致掠奪、暴亂行為的經常性發生。而自漢晉以來長期居住中原農耕邊區的歷史，又使得他們學習、形成了一定的耕種習慣，即發展為一種新的農牧混合型生產方式。這種生產方式的最終蛻變，自然是脫牧入農，完全融入在生產上自給自足的「粒食」漢民。編戶化策略強制胡族領民固定一地、從事

農耕的生活方式,則大大加快了這一客觀進程,它必然會在更短的時間內消泯原有的遊牧剽掠之風,從而在主觀上減少胡族叛亂的潛在可能。上述兩點因素交織起來,對叛亂的抑制有著顯著作用。

由於太武帝對胡族政策的大力改革已在其統治後期,故而效驗難知,但我們從文成帝以後的歷史發展來看,可以確認太武帝的新式胡族統治政策被一直繼承下來且不斷深化,並為孝文帝日後政策的進一步調整定下了基調。

第二節　加速的漢化運動:
　　　　胡-漢統治政策的局部調整

在道武帝進入中原後共發生了八次漢族叛亂,年均〇點五四次,占叛亂總數的比率為百分之三十一點八;明元帝執政十四年餘,發生了七次漢族叛亂,年均〇點五次,占比為百分之四十六點七[64]。至太武帝時期,其二十八點三年的統治時間內僅僅發生了六次漢族叛亂,年均〇點二一次,所占比率也驟降到百分之十七點一,為三朝以來的最低點。這六次叛亂依次為:上黨李禹聚眾殺太守起事(西元429年2月),朱脩之謀襲魏主(西元432年9月),金城邊岡、天水梁會據上邽反(西元446年3月至446年5月),高陽易縣民不從官命(西元447年2月),并州潞民反叛(西元448年2月),南來降民叛於中山(西元452年1月)。以地理區位劃分,則有二次叛亂發生在河北,二次發生在河東,一次發生在遼西,一次發生在秦隴。發生在河東的二次叛亂又集中在并州東南角鄰接河北相州的上黨郡,說明太行山一側及整個山東地帶始終是北魏漢人群體的首要叛亂區域,這一特點歷三朝而未變。

---

64 明元帝時期漢族叛亂比重的相對上升與其時拓跋魏部內叛亂次數的顯著減少有關。
　已見前述。

　　神䴥二年（西元429年）的時候，北魏正致力於吞沒關隴的赫連夏殘餘勢力，上黨民李禹趁機在二月「聚眾殺太守，自稱無上王，署置將帥」，但並沒有掀起什麼波瀾，隨後「河內守將擊破之。禹亡走入山，為人執送，斬之」[65]。史載魏將于栗磾「平統萬，遷蒲阪鎮將。時弘農、河內、上黨三郡賊起，栗磾討之」[66]。則他可能坐鎮蒲阪中樞統合指揮了這次平叛。其後延和元年（西元432年）的朱脩之叛亂是一起突發事件。朱脩之是劉宋舊將，在隨宋將到彥之北伐中被俘，遂事魏。在西元四三二年太武帝東征北燕的和龍城時，朱脩之見「諸軍攻城，宿衛之士多在戰陳，行宮人少」，於是與南人邢懷明、徐卓等欲率所領吳兵發動政變，並告知了同為南朝舊將的毛脩之。不久事洩，「朱脩之遂亡奔馮文通」[67]。此後，金城邊岡、天水梁會叛於隴西，時在太平真君七年（西元446年）三月，正處於盧水胡蓋吳之亂（西元445年9月至446年8月）期間。邊氏是金城大姓，早在東漢末年，就曾有「金城邊章、韓遂殺刺史、郡守以叛，眾十餘萬，天下騷動」[68]的記錄。邊、梁起事後，「與秦、益雜民萬餘戶據上邽東城反，攻逼西城。秦、益二州刺史封敕文拒卻之。氐、羌萬餘人，休官、屠各二萬餘人皆起兵應固（岡）、會」[69]。據《魏書》〈封敕文傳〉，邊、梁起事不久後還得到了蓋吳部將屠各路那羅的積極回應：「安定逆賊帥路那羅遣使齎書與逆帥梁會，會以那羅書射於城中，那羅稱纂集眾旅，克期助會。」從以往史料來看，進入太行山以西，漢族叛亂事件即大幅減少，此次秦隴地區罕見的漢族叛亂不久就又與秦益雜民、氐、羌、休官、屠各等胡族混合起來，客觀上也透露出秦隴地區的漢族群體在當地人口的薄弱。叛亂持續到五月，安豐公閭根與秦州刺史

65　《魏書》卷四上〈世祖紀上〉神䴥二年。

66　《魏書》卷三十一〈于栗磾傳〉。

67　見《魏書》毛脩之、朱脩之諸傳，《宋書》卷七十六〈朱脩之傳〉。

68　《三國志》卷一〈武帝紀〉。

69　《資治通鑑》宋紀元嘉二十三年條。

封敕文合力討擊，直到將起事首領梁會逐出魏境為止。[70]

後三起叛亂大致相似，太平真君八年（西元447年）「二月……（定州）高陽易縣民不從官命，討平之，徙其餘燼於北地」。高陽民裡或許雜有丁零，三月，魏廷順勢「徙定州丁零三千家於京師」。太平真君九年（西元448年）「二月……遂西幸上黨，誅潞（縣名，在今山西長治市黎城縣北）叛民二千餘家」。正平二年（西元452年）「春正月庚辰朔，南來降民五千餘家於中山謀叛，州軍討平之。冀州刺史、張掖王沮渠萬年與降民通謀，賜死」[71]。此前一年（西元451年）正是太武帝南侵劉宋、大掠江淮之民而歸的時候，並曾「以降民五萬餘家分置近畿」[72]，則此次中山地區的「南來降民」大抵應出此類。叛民起事的中山，據《魏書》〈楊椿傳〉稱：「自太祖平中山，多置軍府，以相威攝。凡有八軍，軍各配兵五千，食祿主帥軍各四十六人。」則中山之兵即有四萬，無怪定州州軍當即鎮壓了這次起事。

太武帝時期漢族叛亂的稀少不是沒有原因的，《南齊書》〈魏虜傳〉云：「佛狸（太武帝鮮卑本名）已來，稍僭華典，胡風國俗，雜相揉亂。」這反映的即是太武帝時期迅猛的漢化運動。太武帝即位之初，北魏在中原的統治已經持續了近三十年，與漢地居民的長期接觸，客觀上潛移默化地改變著拓跋鮮卑的政治、生活型態。這一進程在太武帝即位初期又被有意識地加速，其最直接的表現是行政機構的漢式改革。按道武帝時期模仿漢制，始建尚書機構。之後囿於鮮卑守舊勢力的反對，又在天賜二年（西元405年）「復罷（尚書）三十六曹」。再到明元帝神瑞元年（西元414年），進一步廢除尚書制度，而代以「置八大人官，大人下置三屬官，總理萬機，故世號八公」[73]。

---

70 參《魏書》卷四下〈世祖紀下〉太平真君七年，《魏書》卷五十一〈封敕文傳〉。

71 以上引文分見〈世祖紀〉太平真君八年、九年，正平二年。

72 《魏書》卷四下〈世祖紀下〉正平元年。

73 引文皆見於《魏書》卷一一三〈官氏志〉。

所謂八大人官，實質是鮮卑傳統的八部大人制被披上一層漢式官名的外衣，嚴耕望先生因謂：「反動潮流至此而極。」[74]這一情形至太武帝時期終於出現轉機，史載：「神䴥元年（西元428年）三月，置左右僕射、左右丞、諸曹尚書十餘人，各居別寺。」[75]《南齊書》〈魏虜傳〉亦稱：「佛狸置三公、太宰、尚書令、僕射、侍中，與太子共決國事。殿中尚書知殿內兵馬倉庫，樂部尚書知伎樂及角史伍伯，駕部尚書知牛馬驢騾，南部尚書知南邊州郡，北部尚書知北邊州郡。」證明了以尚書機構為核心之漢官儀的復置。

尚書制度的恢復，客觀上自然需要增置大量的國家公務人員，這其中獲益最大的無疑是擁有高度文化素養、善於舞文弄墨的漢族士人。因為尚書臺內部的官吏基本屬於文職性質，彪悍尚武的鮮卑勳貴反而難以在這裡施展才能。與此相呼應，神䴥四年（西元431年）九月，太武帝下達了著名的「徵士」詔令，其文稱：

> 頃逆命縱逸，方夏未寧，戎車屢駕，不遑休息。今二寇摧殄，士馬無為，方將偃武修文，遵太平之化，理廢職，舉逸民，拔起幽窮，延登俊乂。昧旦思求，想遇師輔，雖殷宗之夢板築，罔以加也。訪諸有司，咸稱范陽盧玄、博陵崔綽、趙郡李靈、河間邢穎、勃海高允、廣平游雅、太原張偉等，皆賢俊之胄，冠冕州邦，有羽儀之用。《詩》不云乎：「鶴鳴九皋，聲聞於天。」庶得其人，任之政事，共臻邕熙之美。《易》曰：「我有好爵，吾與爾縻之。」如玄之比，隱跡衡門、不耀名譽者，盡敕州郡以禮發遣。

---

74 見嚴耕望：《北魏尚書制度考》，收入《嚴耕望史學論文集・上》（上海市：上海古籍出版社，2009年）之〈總說〉部分，頁86。

75 《魏書》卷一一三〈官氏志〉。

詔書下達後，魏廷「遂徵玄等及州郡所遣，至者數百人，皆差次敘
用。」、「自餘依例州郡所遣者不可稱記，爾乃髦士盈朝，而濟濟之美
興焉。」北魏名臣高允即於此時被徵，其《徵士頌》所列應召士人名
單三十四人（連同本人為35人），地望遍及北魏統治境內各處，來源
非常廣泛（見下圖一）：[76]

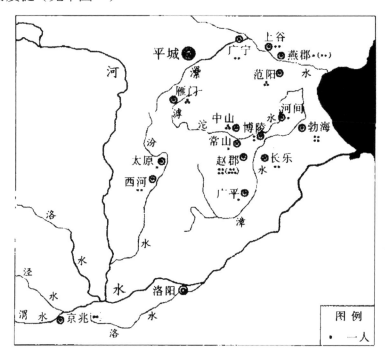

圖一　神廳四年徵士郡望分布圖

　　大量漢族士人湧入北魏的行政機構，長久而言必然深刻地改變拓
跋鮮卑政權的樣貌與性格。據蘇慶彬的統計，太武帝時期漢人刺史的
比重由道武、明元時期的百分之七點三猛增至百分之四十[77]。毛漢光
所作《中古統治階層社會成分統計表（196-906）》中，北魏第九期

76　圖示轉引自張金龍《北魏政治史》第四冊，頁254。

77　蘇慶彬：〈元魏北齊北周政權下漢人勢力之推移〉，《新亞學報》（香港）第6卷第2
　　期，轉引自何德章〈北魏太武朝政治史二題〉。

（西元409-431年）至第十期（西元432-451年）統治階層的士族比重
也顯示由百分之三十六點七驟然上升到六十三點○。這即是上述行事
隨時間推移而產生的放大效應。毛漢光先生因謂：「（兩期之間的上升
幅度）有其特殊意義……凡此種種皆表示北中國胡漢政治社會亦已納
入中國社會史的發展洪流之中。」[78]

　　除漢族士人的大量增多以外，太武帝還特為親信一些漢族臣僚，
如清河崔浩「才藝通博，究覽天人，政事籌策，時莫之二……值世祖
經營之日，言聽計從，寧廓區夏。遇既隆也，勤亦茂哉」[79]。崔浩因
與鮮卑貴族產生政治矛盾被誅，漢族士人李孝伯又被太武帝重用，史
稱：「孝伯體度恢雅，明達政事，朝野貴賤，咸推重之……自崔浩誅
後，軍國之謀，咸出孝伯。世祖寵眷有亞于浩，亦以宰輔遇之。」[80]
像類似的待遇，我們在道武、明元二朝中是很難見到的。

　　太武帝不僅在行政制度的改革與官僚的任用上對漢族群體打開了
大門，還通過定五行正閏、利用讖緯神學、崇信中國傳統宗教——道
教、打擊外來宗教——佛教等方式，樹立起北魏的「正統」大旗，首
次針鋒相對地與新近代晉的劉宋政權展開政治合法性的競爭。[81]這些
舉措無疑有利於逐步剝離漢族群體（尤其是高門士族）對拓跋鮮卑的
牴觸感，潛在加強他們的內部認同程度。正是通過上述一系列的漢化
施為，太武朝的胡－漢矛盾及漢族叛亂才首度呈現出了緩和的跡象。

　　然而我們也應看到，太武帝對漢族統治政策的調整受時代和族群
心理限制，終究是局部的改革。「胡風國俗、雜相揉亂」言猶在耳，
南朝人描述太武帝時期尚書以外的機構，尚稱：「又有俟勤地何，比

---

78 表格及引文均見於毛漢光：〈中古統治階層之社會成分〉，收入其《中國中古社會史
　　論》（北京市：商務印書館，2002年），頁44、48。

79 《魏書》卷三十五〈崔浩傳〉。

80 《魏書》卷五十三〈李孝伯傳〉。

81 有關太武朝樹立正統的運動詳見何德章〈北魏國號與正統問題〉，亦可參本章第三
　　節〈皇權體制戰勝鮮卑故習：部內關係轉型的實現〉。

尚書；莫堤，比刺史；郁若，比二千石；受別官比諸侯。諸曹府有倉庫，悉置比官，皆使通虜、漢語，以為傳驛。」[82]可以說鮮明地展現了一個北魏官職設置演進中胡漢雜糅的剪影。不祇如此，力主漢化的魏臣崔浩也因「齊整人倫、分別族姓」的激進政治改革，在太武帝後期終於遭到誅殺。這都表明太武帝針對胡－漢矛盾的政策調整是有其心理限度的，這一限度不祇在於太武帝個人，還維繫於整個拓跋鮮卑群體之中。一旦超越了固有的歷史階段，胡－漢政策的轉向仍要停步不前，這還不是胡－漢統治關係的全盤轉化之時。

第三節　皇權體制戰勝鮮卑故習：
　　　　部內關係轉型的實現

　　太武帝時期的部內叛亂共有四次，占叛亂總數的比率僅為百分之十一點四，可以說基本延續了前朝穩健運行的部內秩序。太武帝執政以來較長一段時間，對部內矛盾措意不多，幾乎全盤繼承了明元朝寬鬆的部內政策而未作改變。究其原因，在於明元帝政策的有效性。太武帝即位的前二十年中（西元423-443年）祇發生了兩次部內叛亂就是一個明證。這兩次叛亂分別源自尚書左僕射安原（西元435年10月）和新興王拓跋俊（西元441年3月）。安原叛亂的起因不過是他「為子求襄城公盧（盧）魯元女，魯元不許」，引起前者的嫉恨，遂行誣告盧魯元之舉，結果反致「事相連逮，歷時不決。原懼不勝，遂謀為逆，事洩伏誅」。安原之所以顧慮誣告之事被查實而竟至預謀叛亂，可能源於對北魏前期平允而殘酷的法律制度的恐懼[83]。新興王拓

---

82 《南齊書》卷五七〈魏虜傳〉。

83 南北朝時人對北魏前期法制施行的殘酷與效力有著深刻印象，其例如《魏書》卷四十六〈列傳第三十四〉史臣曰：「魏氏之有天下，百餘年中，任刑為治，蹉跌之間，便至夷滅。」《魏書》卷六十四〈郭祚傳〉：「太和以前，朝法尤峻，貴臣蹉跌，便致誅夷。」又，《南齊書》〈魏虜傳〉史臣曰：「夫休頹之數，誠有天機，得

跋俊叛亂的緣起，見《魏書》〈世祖紀〉：「（太平真君二年）三月……庚戌……新興王俊、略陽王羯兒有罪，並黜為公。」其本傳則指明被黜是由於「俊好酒色，多越法度」。拓跋俊此後「以母先遇罪死，而己被貶削，恒懷怨望，頗有悖心」。但這次謀叛也因事洩而迅速平息，拓跋俊被賜死、國除。事具其人本傳，〈世祖紀〉甚至不載。這兩次因瑣事而起的叛亂不見有著長久的謀劃和深刻的社會根源，可以說均帶有或然的性質。

　　作為北魏的第三代君主，這一時期拓跋鮮卑在文明道路上的自然演進繼續深入，太武帝主觀上也開始通過恢復此前一度廢置的尚書機構、大量吸收漢族士人進入政權、在意識形態領域樹立正統觀念等漢化舉措對原有的胡－漢統治策略與胡漢關係進行調整[84]。嚴耕望先生謂：「蓋北魏初期之立國實由部族制度演化而來，君弱臣強，事固宜然；是以華化為君主所欣樂，而為部酋所嫉憚，非雄才大略之君不能御其臣以就其意也。」[85]從此段剖析可以看出，一方面太武帝就是這麼一位敢於漢化的「雄才大略」之君；另一方面，他在力圖轉變胡－漢策略的過程中，變拓跋魏在北方地區的簡單征服為一種有秩序的統治，這難免要引起系列的波動，其中取法漢制而在客觀層面不斷鞏固著的君強臣弱趨勢也就勢必擠壓到鮮卑勛貴原有的利益空間。這種矛盾的抬升在太武朝的叛亂事件中也得到體現，此即太平真君五年（西元444年）二月披露的尚書令劉潔、樂平王拓跋丕、樂安王拓跋範等

失之迹，各歸人事……號令不明，固中國之所短也。」既謂號令不明為中國所短，易言之則號令齊肅為北族所長。有關北魏的法律實踐，可參王霄燕：〈論北魏法律的特點〉，《晉陽學刊》1991年第3期。

84 此處可參考上一節。另，有關太武帝時期的行政體制改革，嚴耕望《北魏尚書制度考》（收入《嚴耕望史學論文集》，上海市：上海古籍出版社，2009年）有相應的詳細考述。有關漢化程度的加深與文明正統觀念的樹立經過，詳何德章：〈北魏國號與正統問題〉，《歷史研究》1992年第3期；〈北魏太武朝政治史二題〉，《魏晉南北朝隋唐史資料》第17輯，2000年。

85 見嚴耕望：《北魏尚書制度考》。

人的謀叛未遂事件。

　　這起叛亂的主事者應為劉潔[86]，其謀叛的原因則史書語焉不詳，祇說：「潔朝夕在樞密，深見委任，性既剛直，恃寵自專。」[87]太平真君四年（西元443年），太武帝準備北征柔然，劉潔便已借機「私謂親人曰：『若軍出無功，車駕不返者，吾當立樂平王』」。他「又使右丞張嵩求圖讖，問：『劉氏應王，繼國家後，我審有名姓否？』嵩對曰：『有姓而無名』」。[88]當年九月，魏軍開始分四道出動北伐，預劉潔之謀的樂安王範、樂平王丕此時正作為主將在大軍之中[89]，劉潔又採用「矯詔更期」、「陰使人驚軍」的方式沮動魏軍，致使諸部糧盡、士卒多死。對此次預謀中的事變，何德章先生認為：「劉潔與諸王合謀推翻拓跋燾，直接的目的當然是奪取皇位，兄弟相傳及諸部擁戴的傳統還在起作用，所以拓跋丕及拓跋範會牽涉其中，劉潔也才會有自己當皇帝的企圖。」[90]這可以說從《魏書》的華夏化記述手法中一語道破了劉潔之叛仍舊殘存著的代北部族內鬥因素。

　　太武帝隨後察覺劉潔等人的異動，遂在十一月回師平城的途中就匆忙發布了令太子拓跋晃監國的詔書，其文稱：「朕承祖宗重光之緒……二十年矣。夫陰陽有往復，四時有代謝。授子任賢，所以休息；優隆功臣，式圖長久，蓋古今不易之令典也。其令皇太子副理萬機，總統百揆。諸朕功臣，勤勞日久，皆當以爵歸第，隨時朝請，饗宴朕前，論道陳謨而已，不宜復煩以劇職。更舉賢俊，以備百官。主

86　《魏書》沒有明言劉潔的的族屬，何德章認為「劉潔之祖劉生在什翼犍時代即作為什翼犍妻慕容氏的家臣入代國，屬勳臣八姓之一，其族源當屬匈奴。」見其〈北魏太武朝政治史二題〉。

87　《魏書》卷二十八〈劉潔傳〉。

88　《魏書》卷二十八〈劉潔傳〉。

89　《魏書》卷一○三〈蠕蠕傳〉：「真君四年，車駕幸漠南，分四道：樂安王範、建寧王崇各統十五將出東道，樂平王（丕）督十五將出西道，車駕出中道，中山王辰領十五將為中軍後繼。」

90　見何德章：〈北魏太武朝政治史二題〉。

者明為科制，以稱朕心。」[91]可見太武帝時建立的太子監國制度是出於政變形勢之下的反制行為，它與明元帝時期的主動建制在政治背景方面略有不同。然而不論如何，其結果都是殊途同歸的，即通過在君位傳遞上父子相承模式的一再強化，保證了拓跋氏皇權的伸張。十二月，太武帝返回平城。次年（太平真君五年，西元444年）正月，太子拓跋晃開始監國，並有「侍中、中書監、宜都王穆壽，司徒、東郡公崔浩，侍中、廣平公張黎，侍中、建興公古弼，輔太子以決庶政」[92]。二月，劉「潔與南康公狄鄰及嵩等，皆夷三族，死者百餘人」，樂平王丕「坐劉潔事，以憂薨」，樂安王範以劉潔之謀「聞而不告，事發，因疾暴薨」[93]，針對這次謀叛事件的處理才告結束。

　　劉潔之叛後，太武帝不僅沒有放棄正在開展的各項漢化改革活動，反而更有針對性地利用漢文明意識中的皇權唯一性與神聖性理念加快拓跋氏專制法統的確立。太平真君五年（西元444年）二月（也即劉潔被誅的當月），張掖郡就聲稱發現了「石文記國家祖宗諱，著受命之符」。石文中分別記有自昭成帝拓跋什翼犍以下直到太武帝拓跋燾，甚至太子拓跋晃的名諱。當時的輿論影響以為「此即上象靈契，真天授也」[94]。圖讖之說固不可信，這顯然是太武帝政治集團為打擊鮮卑部酋勢力而作出的工程。太平真君七年（西元446年）四月，鄴城在「毀五層佛圖」時，又「於泥像中得玉璽二，其文皆曰『受命於天，既壽永昌』，其一刻其旁曰『魏所受漢傳國璽』。」[95]傳國玉璽是帝王法統的重要依據之一，它在十六國的冉魏時代就已流入東晉，北魏「發現」的傳國璽自然屬於偽造，但它也從側面映證了太

91　《魏書》卷四下〈世祖紀下〉太平真君四年。

92　《魏書》卷四下〈世祖紀下〉太平真君五年。

93　分見《魏書》劉潔、樂平王丕、樂安王範諸人本傳。

94　《魏書》卷一一二下〈靈徵志下〉。

95　《魏書》卷四下〈世祖紀下〉太平真君七年。

武帝集團汲汲於崇重君威的迫切心態。除以華夏文明固有的讖緯神學營造輿論、轉化部族遺風外，太武帝還分別在太平真君五年、七年兩次毀佛。毀佛的原因，據太武帝的說法，是「昔後漢荒君，信惑邪偽，妄假睡夢，事胡妖鬼，以亂天常，自古九州之中無此也。夸誕大言，不本人情。叔季之世，暗君亂主，莫不眩焉。由是政教不行，禮義大壞，鬼道盛熾，視王者之法，蔑如也」[96]。可知還是由於佛這一「胡神」干擾了太武帝的政教、禮義等「王者之法」的施行，即本質上威脅到了帝王的權威，才會遭到禁毀。太武帝一方面毀佛，另一方面崇道，而對道教的尊崇實質上是在北方恢復周孔儒學的幌子[97]。此外，在著名漢臣崔浩的影響下，這時期還有大量的漢族士人進入北魏朝廷任職，從而源源不斷地改變著國家官僚的成分。從以後歷史的發展狀況來看，上述一系列的措施不論對舊有部族勢力的組織形式還是思維習慣的轉變都是意義深遠的，劉潔叛亂是鮮卑守舊勢力最後的一次聯合抗爭，自劉潔叛亂後直到孝文帝遷都洛陽，北魏前期再難找到一起浸潤著代北部落遺風的叛亂事件了。

太武朝最後一起宗愛叛亂事件（西元452年3月）本質上與太武帝及其子拓跋晃的權力鬥爭相連，它衹是這一鬥爭的餘波。據《魏書》〈世祖紀下附恭宗紀〉《閹官》〈宗愛傳〉及南朝的《宋書》〈索虜傳〉，大體可知太武統治後期，東宮集團的仇尼道盛與太武帝寵臣宗愛之間產生矛盾。宗愛因此譖毀太子，造成太武帝與太子之間相殘的慘劇。此後，宗愛又因太武帝有悔意而「懼誅，遂謀逆。二年春，世祖暴崩」。對此，李憑認為：「仇尼道盛、任平城與宗愛之間的矛盾其

---

96 《魏書》卷一一四〈釋老志〉。

97 北方道教首領寇謙之與力主漢化的太武朝名臣崔浩關係密切，寇謙之曾對崔浩說自己「忽受神中之訣，當兼修儒教，輔助太平真君，繼千年之絕統。而學不稽古，臨事暗昧。卿為吾撰列王者治典，並論其大要」（《魏書》〈崔浩傳〉），可見二者旨趣不獨在復興本土的道教事業。何德章〈北魏國號與正統問題〉第三節〈太武朝樹立正統運動〉對此有過細緻的分析，可資參考。

實反映的是太子拓跋晃與皇帝拓跋燾之間的矛盾……（太子監國以來的）十二年中，東宮集團逐漸養成，並形成為與皇權抗衡的勢力。於是，一場父子之間的最高權力之爭就在所難免了。」[98]曹文柱認為：「世子謀殺其父，從父子權力之爭的演變過程來看，完全合乎邏輯。總之，拓跋晃絕非正常死亡，祇能與父子間的政治鬥爭有關。」[99]實際上我們從類似的評論中，正可以察見不論是父子政爭還是宗愛弒君，都接近一個典型的華夏王朝內部習見的政治陰謀，這時的叛亂已經難以指明它具備何種部落鬥爭因素了。正由於此，太武帝時期應當是統治階級內部形態由傳統的部落酋邦向華夏文明的王朝轉化的確立時期，它標誌著拓跋鮮卑部內統治關係轉型的實現。此後的部內矛盾和叛亂在性質上已與此前不同，它們已逐漸蛻變為漢地早已存在的、遵循著既往悠久的宮廷政爭邏輯的矛盾了。

98　李憑：《北魏平城時代》。
99　曹文柱：〈北魏明元太武兩朝的世子監國〉。

第四章
文成、獻文帝時期：承先啟後

　　太武帝之後的文成帝拓跋濬、獻文帝拓跋弘統治時期（西元452-
471年）[1]執政風格相似，故可歸為一個發展階段。由於二帝享國皆不
算長，除在後期軍事方面接受劉宋邊將常珍奇、薛安都等人的投降，
從而取得淮北大片土地外，在政治上基本都採取了休養生息、繼承前
人改革成果的策略。[2]在這十八點八年時間裡，共計發生了十八次叛
亂，年均頻度維持在較低的○點九六次，不但比太武朝的一點二四次
顯著為少，也低於明元朝的一點○六次。在叛亂的來源方面，胡族叛
亂計有七次，占比百分之三十八點九，漢族叛亂六次，占比百分之三
十三點三，部內叛亂五次，占比百分之二十七點八。這兩項統計遲來
地驗證了太武帝時期在胡、漢兩種統治政策、尤其是胡族政策上進行
改革的成效——此期的叛亂烈度下降到北魏建國以來的最低點，在叛
亂來源上相較太武朝胡族叛亂占據七成有餘的比例，這一時期的胡－
胡矛盾雖然仍居首位，但已不像此前那樣咄咄逼人，這標誌著北魏與
諸胡之間的統治關係歷史性地出現了緩和趨向。胡－胡矛盾的緩解主
要依賴於北魏將二者之間的關係向更穩定的胡漢關係引導，胡－胡、
胡－漢矛盾的合流也在此期初現端倪。此外，據王萬盈的統計，文成
帝之前六十五年中拓跋鮮卑的大規模對外軍事活動有一○二次，出於

1　文成帝之前曾有南安王拓跋余的七個月執政期，南安王由宦官宗愛在政變後所立，
　故不入《魏書》帝紀。且其在位時期未曾留有叛亂記錄，因此本書即以文成帝承接
　太武帝以來的政治統緒。
2　《魏書》卷五《高宗紀》史臣曰：「高宗與時消息，靜以鎮之，養威布德，懷緝中
　外」，正可視作這一時期北魏政治生活的主題。

掠奪目的者就達八十五次，約每八月發生一次；這一數據在文成帝至
孝文帝太和八年的三十三年間則為四十六次，約每九月發生一次。表
面上看前後兩期區別不大，實則「後者所進行的四十六次軍事行動有
三十次屬於所謂『平叛』或被動防守柔然與南朝宋齊的侵擾。真正意
義上的對外軍事掠奪⋯⋯大大低於北魏前三朝」[3]。這一時期專力對
內的軍事行動方式表明北魏的武力擴張範圍其實已達到瓶頸，經濟維
繫主體也應從遊牧外向型的物資掠奪漸轉為農耕文明體制的賦稅徵
收。在此情況下不得不更為重視消弭境內的叛亂因素，以便保障拓跋
氏統治的穩定。上述轉變都說明了文成、獻文二朝在各種統治關係上
向著華夏文明化轉型的道路繼續邁進。

第一節　胡族政策改革的初步成功

　　文成、獻文二朝的胡族政策由於史料缺乏而難以睹其全貌，然而
我們仍能從幾個零星的記載中看出這一時期對太武帝的新式胡族政策
是選擇了繼承的，而非走回老路。其中的具體表現：

　　其一為徙胡入籍。文成帝即位當年（西元452年）十一月爆發了
隴西屠各王景文之叛，「高宗（即文成帝）詔洛拔與南陽王惠壽督四
州之眾討平之，徙其惡黨三千餘家於趙魏」。趙魏即是作為「國之資
儲」的河北農耕地帶。又，《魏書》〈尉拔傳〉載尉拔於文成帝時為杏
城鎮將，「在任九年，大收民和。山民一千餘家，上郡屠各、盧水胡
八百餘落，盡附為民」。足見這一時期延續了太武帝後期徙胡為民
（農）的編戶化方針。

　　其二為護軍制的正式終結。《魏書》〈官氏志〉載文成帝即位五年
後，於太安三年（西元457年）五月下達詔令：「以諸部護軍各為太

3　王萬盈：〈北魏制度轉型論析〉，《西北師大學報》（社會科學版）2006年第5期。

守。」詔書內容雖祇短短數語，卻標誌著北魏官方對存在六十餘年的胡族護軍機構的徹底廢止。[4]護軍廢止後又明言其長官轉為太守，則是設置護軍的地區，其行政建制必都改置為漢地的郡縣單位，這顯然是對太武帝裁撤護軍政策的延續與達成。

　　太武帝的後期新政在文成、獻文二朝終於收到了良好回饋，在這十八點八年期間發生了七次胡族叛亂，年均僅〇點三七次，胡－胡矛盾在編戶制與農耕生活的轉型中成功地得到了消釋。[5]這些叛亂事件依次為：隴西屠各王景文恃險竊命（西元452年11月）、井陘山丁零聚為寇盜（西元456年2月）、河西胡叛亂（西元459年2月至459年6月）、胡賊帥賀略孫聚眾千餘人叛於石樓（西元461年2月）、雍州氐豪仇傉檀等反叛（西元461年2月）、高平鎮西部敕勒叛殺魏將（西元471年4月）、河西羌胡領部落反叛（西元471年6月）。其中計有山胡叛亂三次，匈奴、丁零、氐、高車、羌族各一次。[6]晉南的山胡問題自明元

4　此詔頒行後或許仍有極少量的護軍存在，《元和郡縣圖志》寧州「真寧縣」條謂：「本漢陽周縣地……魏置宜陽、惠涉二護軍，孝文太和十一年（西元487年）復置陽周縣」，即是一例。但這已屬制度層面以外的歷史遺留問題，除上引史料外，文成帝之後再未見有其他護軍記錄，說明這次改制應是較為徹底的。

5　學界有人注意到太武帝以來至文成、獻文朝北魏胡區農耕化和郡縣化進程加快的事實，如何德章：〈北魏太和中州郡制改革考釋〉（《武漢大學學報》（哲學社會科學版）1995年第3期）分析稱：「隨著各少數族逐步從事穩定的農耕生活，北魏的統治政策也相應的轉變，這種轉變最先從較早納入北魏統治之下的地區開始。如太武帝時改九原鎮為朔州，改柏壁鎮為東雍州，文成帝時改河內鎮為懷州……表明以上地區的少數族均已過上穩定的農耕生活，北魏無須再用武力進行統治。」核以本書諸章的考述，實則正因為太武帝以來北魏舊有的胡族政策已無法控制胡－胡矛盾引發的劇烈衝突，他才在統治後期探索出一條農耕編戶化的新道路，並主動施用於胡族聚居地區。文成、獻文踵其故跡，遂進一步變農牧之胡為農耕之漢。上引何德章先生之論實是倒果為因的誤判。

6　按文成、獻文二朝的「河西羌胡領部落反叛」一事見《魏書》卷八十九〈酷吏李洪之傳〉：「河西羌胡領部落反叛……輿駕至并州，詔洪之為河西都將討山胡。」則是「羌胡」叛亂的內涵為羌族、山胡聯合發動，依據本書正文的敘述慣例，在叛亂族屬方面仍舊兩屬之。

帝以來便已突顯，歷太武朝仍是叛動不止，文成、獻文二朝的胡族叛亂雖整體回落，山胡相對而言仍占其中重要的比重，且最後一起在關隴、并州結合部的河西胡叛亂還與羌族有過聯合。這種罕見的聯合發生在太武朝的蓋吳起義被鎮壓後，或許是關隴胡族在編戶化政策壓力下為圖自存而向實力相對完整的河東山胡主動聚合的一個縮影，它可視為日後山胡轉變為活動範圍更大之稽胡的先聲。無獨有偶，太武朝同樣活躍的秦隴匈奴族系（屠各）在這一時期已與其他胡族的叛亂頻度表現一致，不再作為高發的亂源，這也當與上述太武帝在該區強制推行郡縣編戶政策的效驗有關。此外，丁零的叛亂仍舊發生在太行山脈（井陘）的并、定二州結合部，且方式又被慣常性地標記作「聚為寇盜」，一方面說明丁零在這片傳統地帶的頑強生命力，另外一面則說明其鬥爭力量在眾胡中始終是有限的，故而大多保持在騷擾地區治安的程度。氐、高車的叛亂地點也是各自活躍的關中與北鎮，這類事件亦多見於前朝，唯有頻度減少是其特點，故無須贅述。

第二節　穩中略升：漢地叛亂來源多樣化

文成、獻文二帝承太武餘緒，繼續在政策制度和意識形態上向漢族群體穩步傾斜。如文成帝時期先後採納大臣源賀「謀反之家，男子十三以下本不預謀者，宜免死沒官」[7]「自非大逆、赤手殺人之罪……皆可原命，謫守邊境」[8]的意見，淡化了拓跋鮮卑對待被征服者原始粗武的習慣法，而漸向較為人道的漢地法制靠攏。又如獻文帝時期「欲置學官於郡國」，遂用漢臣高允之議，在統治基層「初立鄉學，郡置博士二人、助教二人、學生六十人」[9]。這等於在漢文明

7　《資治通鑑》宋紀元嘉二十八年條。

8　《魏書》卷四十一〈源賀傳〉。

9　引文見《魏書》卷六〈顯祖紀〉天安元年。同書卷四十八〈高允傳〉中明確記錄了

「學而優則仕」的思想指導下，進一步擴大了北魏統治集團中的漢族基礎。[10]這一時期的十八點八年中，共有六次漢族發動的叛亂，年均〇點三二次。雖較太武帝時期〇點二一次的年均叛亂略多，但終究維持在一個較低的程度。值得注意的是，這其中有四次叛亂事件集中分布在獻文帝統治時期，又表明文成、獻文二朝的漢族叛亂有一個漸次遞升的過程。考其直接原因，大抵與獻文帝時期驟得劉宋淮北數州之地、新增了廣大的漢地領民有關；就其深層原因而言，則可能為胡－漢矛盾的再度尖銳化，這一新動向在後來的孝文帝時期顯得愈發明朗。

此期的叛亂分別為：博陵、章武民盜殺縣令（西元460年10月）、咸陽郡民趙昌聚黨作逆（西元460-465年）[11]、劉宋降將常珍奇反於懸瓠（西元467年12月至468年2月）、徐州群盜司馬休符扇惑百姓（西元468年2月）、杏城民蓋平定聚眾為逆（未知）、杏城民成赤李又聚黨（未知）。

高允所擬郡國學官的師資與學生員額——「允表曰：『宜如聖旨，崇建學校以厲風俗。使先王之道，光演於明時；郁郁之音，流聞於四海。請制大郡立博士二人、助教四人、學生一百人，次郡立博士二人、助教二人、學生八十人，中郡立博士一人、助教二人、學生六十人，下郡立博士一人、助教一人、學生四十人。其博士取博關經典、世履忠清、堪為人師者，年限四十以上。助教亦與博士同，年限三十以上。若道業夙成，才任教授，不拘年齒。學生取郡中清望、人行修謹、堪循名教者，先盡高門，次及中第。』顯祖從之。」從〈顯祖紀〉的記錄來看，高允的建議確實在採納後得以頒行，唯在人員配備方面有所損益。

10 有關文成、獻文時期的漢化與文治政策研究，可參顧博凱：《文成獻文朝的政治及其在北魏歷史中的地位》華東師範大學2010屆碩士學位論文、蘇利嫦：〈試論北魏文成帝的文治政策〉，《大同職業技術學院學報》2003年第1期、王仁磊：〈獻文帝拓跋弘與北魏封建化〉，《河南科技大學學報》（社會科學版）2005年第1期。

11 《魏書》卷三十〈陸真傳〉：「東平王道符反於長安……以真為長安鎮將，賜爵河南公。長安兵民素伏威信，真到，撫慰之，皆怡然安靜。咸陽民趙昌受劉彧署龍驤將軍……據赤谷以叛。」按拓跋道符之叛在獻文帝天安二年（西元467年），該傳將趙昌叛亂事件繫於前者之後，則其事發生應不早於西元四六七年。而據同書卷三十三〈張靈符傳〉：「和平中（西元460-465年），咸陽郡民趙昌聚黨作逆。」又與上述推定矛盾，此從年代標明較詳的後者。

　　河北博陵、章武一帶漢民的叛亂早見於此前，如道武朝西元三九八年一月有「博陵、勃海、章武群盜並起」、明元朝西元四一〇年八月又有「章武民劉牙聚眾反」。至文成、獻文時期仍發生「博陵之深澤、章武之束州盜殺縣令」的事件，是其叛動因素仍有遺留。但後文即謂「州軍討平之」，以州軍二千人的常備員額計[12]，說明叛亂波及並不大。第二起「咸陽郡民趙昌」的叛亂比較突兀，因為從上文各章來看，關隴地區的叛亂絕大多數均出自胡族。據《魏書》〈陸真傳〉，趙昌起事時「受劉彧署龍驤將軍」，並連續招誘關中鄠、盩厔、始平、石安、池陽、靈武六縣民屯聚治谷堡。隨後北魏詔「南郡王李惠等領步騎六千討昌。(長安鎮將陸)真以大軍未至，慮昌滋蔓，與雍州刺史劉邈討昌。昌出營拒戰，真擊破之，斬昌及賊首三千餘級，傳首京師。」此役過後「雍州民夷，莫不震伏」，漢族叛亂在當地隨之銷聲匿跡。以後的四起叛亂來源各異：

　　在獻文帝天安元年（西元466年），因南朝的內鬥而相繼發生了劉宋司州刺史常珍奇、徐州刺史薛安都等舉城降魏的政治巨變，這導致宋王朝的淮北冀、青、徐、兗諸州此後陷入北魏之手。然而如常珍奇這類南北朝時期的邊將，大多以手握重兵而常懷去就之心。為加強控御，魏廷在一年後（西元467年）「徵其子超，超母胡氏不欲超赴京師」，於是常珍奇便乘虛在自己坐鎮的懸瓠樹起反旗。這一叛亂持續時間雖然長達三個月，卻始終被北魏軍隊所壓制，常珍奇最終在北魏殿中尚書元石的圍攻下全軍潰散、匹馬再返南朝。

　　西元四六八年二月的司馬休符之亂發生在併入北魏僅兩年不到的徐州，其起事的方式為「自稱晉王，扇惑百姓」。在以往的明元朝，曾發生過為數不少的「亡命」司馬氏叛亂事件（見本書明元帝時期的

---

12 州軍兵力考證見第一章第二節〈漢、胡叛亂及道武帝「威制」胡夏策略的形成〉漢族部分所引材料。

漢族叛亂章節），太武、文成朝以來長期絕跡。獻文帝甫得漢民充斥
的淮北，司馬氏的叛亂就又見於史籍，這應不是偶然的，它說明了拓
跋鮮卑與新附民之間的胡漢矛盾還比較尖銳，晉朝王室的大旗就再度
喚起了淮民的文化正統觀和族群戰鬥性。

　　此期剩餘的兩起叛亂事件尤其引人注意，由於發動時間不可考兼
且內涵獨特，故將之放在最後論列。這兩次叛亂均見於《魏書》〈唐
玄達傳〉：

> （玄達）顯祖時，出為華州刺史，將軍如故。杏城民蓋平定聚
> 眾為逆，顯祖遣給事楊鐘葵擊平定，不克而還。詔玄達討平
> 之。杏城民成赤李又聚黨，自號為王，逼掠郡縣，殘害百姓。
> 玄達率騎二百，邀其狹路，擊破之。

從唐玄達僅將二百騎就鎮壓了其中的叛亂來看，其影響並不算大，然
而史文中對叛亂源的記錄方式卻耐人尋味——依據此前《魏書》通常
的記述體例，書「某地民」者即表示對方是處在中原傳統農耕社會形
態下的漢人無疑，如前述「章武民劉牙」、「常山民霍季」之類。若叛
亂者為胡族，則會在其姓名前冠以族稱，如「烏丸庫傉官韜」、「山胡
曹僕渾」等[13]。在這種書寫體例下，「杏城民蓋平定」、「杏城民成赤
李」應為漢人無疑，然而不論從他們的地望、還是姓氏來看，其族源
都極為疑似盧水胡——太武帝時期杏城即有縣吏盧水胡蓋鮮，當地後
來又爆發了著名的盧水胡蓋吳之亂，這一地區在二十餘年後的獻文朝

---

13 據筆者考察，此前北魏叛亂史的胡族記述體例除進入統治階級後的叛亂者一般隱去
　　其族群屬性外，絕大多數胡族起事者都直書其族名。反例祇有《魏書》〈太宗紀〉
　　永興五年「西河張外、建興王紹」一條。據同書〈劉潔傳〉「河西（按：此「河
　　西」是「西河」之誤倒，〈太宗紀〉《通鑑》均作「西河」可證）胡張外、建興王紹
　　等聚黨為逆」的記載，知道張外實為西河地區的山胡，這也可能是傳寫中於「西
　　河」後脫一「胡」字。

再度出現同姓的蓋平定起事，則二者之間的關聯不言而喻。又，《晉書》〈禿髮傉檀載記〉謂傉檀為赫連勃勃敗後，徙民退入根據地姑臧，導致國中駭怨。時有「屠各成七兒因百姓之擾也，率其屬三百人，叛傉檀於北城」。這是隴西屠各有成姓之證。此外，《華陽國志》〈大同志〉記晉惠帝元康八年（西元298年）時有「汶山興樂縣黃石、北地盧水胡成豚堅、安角、成明石等……與蟒蚼羌郅逢等數千騎劫縣令」一事。西晉北地郡治泥陽[14]（今陝西銅川市耀州區東南），正與北魏的杏城（今陝西延安市黃陵縣一帶）相去不遠，則是關中盧水胡亦有成姓。證以上引史料，成赤李很可能為胡族，他既在關中的杏城活動，那麼族源為盧水胡的可能性更大。既然如此，他們按照既往的書寫體例，均應作類如「杏城盧水胡」的格式，這裡卻逕稱「杏城民」；成赤李起事的方式，更是包孕著「自號為王，逼掠郡縣」這樣典型的漢族細節。諸如此類，顯然是太武帝以來對關隴一帶胡區的編戶化造就的初步成果：部分胡族已被逐漸納入北魏的郡縣監管體系而從事農耕類的定居生活，他們在矛盾內涵和叛亂表徵上遂也相應地由胡入漢，因此身處文明演進動態中的史官便難以用舊的歷史書寫來描述這類新加入的「漢族」叛亂事件了。文成、獻文朝漢族叛亂來源的多樣化是一個新生現象，它主要由北魏政區在擴大中獲得更多漢民以及被征服胡族在生產、生活方式上的華夏體制變革所引起，後者同時也是北魏胡－胡矛盾向胡－漢矛盾合流的濫觴──二者之間的交集在外部表象上遂又體現為不同族群的融合趨勢，這是值得史家留意的。

---

14 《晉書》卷十四〈地理志上〉：「北地郡，秦置。統縣二，戶二千六百。泥陽、富平。」

第三節　漸趨沉寂的部內叛亂（附論孝文帝時期）

北魏前期部內政策的創制與調整，始終圍繞著由部落酋邦向華夏王朝這一部內統治關係的轉型為主題而進行。隨著部內關係逐步地為王朝體制的皇權所規約，北魏的部內矛盾也由最初的劍拔弩張轉向後來的沉寂消解。至此，經道武、明元、太武三朝以來的政策累積已經趨於完善，文成帝以降的部內策略基本上遵循了前者的路線，再沒有出現大的變更[15]。在獻文帝統治時期，因試圖禪位給皇叔拓跋子推，包括鮮卑勛貴拓跋雲、陸馥、源賀在內的群臣甚至援引漢制稱「皇太子聖德承基，四海屬望，不可橫議，干國之紀」[16]而對獻文帝的行為予以抵制，可見以嫡長子繼承模式為基礎的專制皇權制度及文化在此一時期的深入人心、不可動搖。

文成、獻文朝的十八點八年中，有五次部內叛亂記錄，年均僅○點二七次，可見延續了前朝穩固的部內關係。此外，由於孝文帝遷洛前的二十二點一年中僅發生二次部內叛亂，年均頻度更低至○點○九次，不便單獨成章，這裡遂將孝文朝的叛亂事件附於此期一併考察。就叛亂比重而言，文成帝統治約十三年間（西元452-465年）共計發生十次叛亂，部內叛亂三次，占叛亂總量的比率為百分之三十。獻文帝統治約六年間（西元465-471年）共計發生八次叛亂，部內叛亂二次，占比為百分之二十五。孝文帝遷洛前統治的二十二點一年間（西元471-493年）共計發生三十一次叛亂，部內叛亂二次，占比進一步降至百分之六點五。與太武朝之後部內矛盾的消解相應，以上統計數據大體上為我們描繪了文成帝至孝文帝近半個世紀以來部內叛亂烈度

---

15 文成帝之後也是文明太后馮氏長期干政的時期，但此時的后權必須假手於皇權才得以伸張。后權本質上是華夏王朝體制內皇權的曲折表現形式，它與前代國時期的女主執政已不可同日而語，因而並不能據此否定北魏前期部內政策的成就。

16 《魏書》卷四十〈陸馥傳〉。

逐年衰減的客觀歷程。參與這一時期的七次部內叛亂人員中，有五名拓跋宗室成員（建寧王崇、濟南王麗、永昌王仁、東平王道符、安樂王長樂），二名外戚（京兆王杜元寶、濮陽王閭若文[17]），以及一名宗室疏屬（羽林郎元提）。雖然仍有四名部落聯盟中的勳臣八姓、內入諸姓人員（羽林郎于判、太原王乙渾、內行長乙肆虎、中散梁眾保[18]）謀叛，但記錄多頗為簡短，可見影響之小。外如乙肆虎祇是依附於主謀的安樂王長樂，乙渾的所謂「謀反」更是文明太后在政治鬥爭中製造的罪名[19]。謀逆者總體上接近統治階級的核心層，說明文成帝以來拓跋魏漢化成果的日益深入，使得部內叛亂在性質上與當時一般的漢式國家相比也已甚少區別。正如羅新先生所言，此時的「拓跋鮮卑遊牧部族的國家機器，已經具備了全面改造為傳統中原王朝的條件」[20]。該階段留給以後的任務，即是掃清部族關係的最後一絲殘餘、實行徹底的漢化，這也就是北魏孝文帝將要肩負的歷史使命。

---

17 杜元寶見《魏書》卷八十三上〈外戚列傳之杜超傳附傳〉。閭姓為柔然姓氏，據萬斯同〈魏外戚諸王世表〉，載《二十五史補編》（北京市：中華書局，1986年），閭若文為太武帝左昭儀閭氏之兄。

18 據《魏書》卷一一三〈官氏志〉，勳臣八姓之「勿忸于氏，後改為于氏」。內入諸姓之「拔列氏，後改為梁氏」、「乙弗氏，後改為乙氏」。可知于判、乙渾、乙肆虎、梁眾保的源出身分。

19 《魏書》卷十三〈皇后列傳之文明太后馮氏傳〉：「顯祖即位，尊為皇太后。丞相乙渾謀逆，顯祖年十二，居於諒闇，太后密定大策，誅渾，遂臨朝聽政。」《資治通鑑》宋紀泰始二年條逕稱：「會侍中拓跋丕告渾謀反，庚申，馮太后收渾，誅之。」

20 見羅新《北魏直勤考》第三章〈從直勤制度看拓跋部族的漢化〉。

第五章
孝文帝時期（西元471-493年）：
拓跋鮮卑的統治困境

　　皇興五年（西元471年）八月，獻文帝禪位於其子拓跋宏，年僅五歲的後者即位，是為北魏孝文帝。由於本書研究的主題在於北魏前期叛亂，故此筆者以孝文帝遷都洛陽之際的太和十七年（西元493年）作為時間斷限，截取此年以前的孝文朝叛亂事件進行考索。孝文帝在位期間，北魏對前代的各類統治政策都有了進一步的深化，如相繼在太和八年（西元484年）制百官官俸、始行漢文明的俸祿制，太和九年（西元485年）推行了促進農耕生產的均田制，太和十年（西元486年）在漢地推行了貶抑豪強、加強基層控制的三長制。為與上述漢化政策相匹配，太和十年以後還通盤調整了國家行政區劃，在全國範圍內大規模地劃分郡縣、改鎮為州。孝文帝銳意推進太武、文成、獻文帝以來的各項政策後，叛亂情況有什麼新變化呢？據筆者統計，這一階段的二十二點一年中共計發生了三十一次叛亂，年均頻度上升為一點四次，甚至高於此前叛亂最烈的太武帝時期（1.24次），居北魏前期歷朝之首。在叛亂來源方面，計有漢族叛亂二十次，占比百分之六十四點五；胡族叛亂九次，占比百分之二十九；部內叛亂二次，占比百分之六點五。以上數據反映了一些巨大的變化：一、太武帝以來甚囂塵上的胡－胡矛盾與高發的胡族叛亂在經歷了太武後期、文成、獻文二朝具有統制意義的編戶政策的有力導向後，終於在孝文帝時期下降到不足叛亂比率百分之三十的程度，可謂成果斐然。二、漢族叛亂烈度開始上升，此前從未占據過叛亂源首位的記錄在孝文帝

時期終於被打破。三、與漢族叛亂相反，年均〇點〇一九次的部內叛
亂表現則是降到了北魏有史以來的最低點，這充分說明了孝文帝統治
時期的原始部內矛盾已經成了明日黃花，所餘者便是為孝文帝在日後
的遷都大舉中時刻保證皇權的穩固準備一個堅實基礎。[1]孝文帝遷都
以前北魏叛亂內涵的顯著轉變歷來不為學界察知，聯繫前述諸朝，此
段經過有著上佳的考索意義。

第一節 胡-胡矛盾降至底谷

孝文帝時期對太武帝的胡族編戶化策略有一個大踏步加速的過
程，其典型表現就是太和十年（西元486年）以後幾乎在全國範圍內
普遍地推行了「改鎮為州」的措施。如前所述，設置護軍與軍鎮是太
武帝中期以前北魏應對胡-胡矛盾的主要策略。自蓋吳之亂爆發前後
太武帝裁撤護軍始，至文成帝「以諸部護軍各為太守」政令的下達，
護軍制度終於遭到廢止。再至孝文帝時期，帶有羈縻性軍管特徵的地
方行政機構唯餘軍鎮一種，雖然此前也曾有過零星的廢棄軍鎮之舉，
但未成規模。此時尚在的軍鎮大多分布於河汾與秦隴地帶的胡區及北
邊朔漠，在此情況下，若要深化太武帝的政策，進一步變軍鎮為州郡
就成了題中應有之義。孝文帝也正是在這樣的歷史背景下順應了時代
潮流。

按《南齊書》〈魏虜傳〉：「永明三年（即孝文帝太和九年，西元
485年）初令鄰、里、黨各置一人……四年（太和十年，西元486
年），造戶籍，分置州郡：雍州、涼州、秦州、沙州、涇州、華州、
岐州、河州、西華州、寧州、陝州、洛州、荊州、郢州、北豫州、東

---

1 因孝文帝時期部內叛亂過少，單獨辨析缺乏意義，故筆者已將其事附於文成、獻文
  時期中，可參看第四章第三節〈漸趨沉寂的部內叛亂〉。

荊州、南豫州、西兗州、東兗州、南徐州、東徐州、青州、齊州、濟
州二十五州[2]在河南，相州、懷州、汾州、東雍州、肆州、定州、瀛
州、朔州、并州、冀州、幽州、平州、司州十三州在河北。凡分魏晉
舊司、豫、兗、冀、并、幽、秦、雍、涼十州地及宋所失淮北地為三
十八州矣。」據此知孝文帝為配合太和九年三長制的實施，特意於次
年在全國統一編造戶籍，並對北魏的行政區進行了整齊劃一的州郡建
置。無獨有偶，北魏在大規模分置州郡的同時難免要與舊有的地方軍
鎮管理制度產生矛盾，於是我們在史料中便又能發現大量的軍鎮在太
和十年後被改設為州郡的記錄。其例如：

統萬鎮：《魏書》〈地形志〉夏州注：「始光四年（西元427年）平為統
　　　　萬鎮，太和十一年（西元487年）改置。」
三縣鎮：《魏書》〈地形志〉幽州注：「延興二年（西元472年）為三縣
　　　　鎮，太和十一年（西元487年）改為班州」。
吐京鎮：《魏書》〈地形志〉汾州注：「延和三年（西元434年）為鎮，
　　　　太和十二年（西元488年）置州，治蒲子城」。
仇池鎮：《魏書》〈地形志〉南秦州注：「真君七年（西元446年）置仇
　　　　池鎮，太和十二年（西元488年）為渠州。」
涼州鎮：《魏書》〈地形志〉涼州注：「神䴥中為鎮，太和中復」。又
　　　　《元和郡縣圖志》「涼州」條：「後魏太武帝改州置鎮，置四
　　　　軍戍。孝文帝太和十四年（西元490年），復為涼州。」
杏城鎮：《魏書》〈地形志〉東秦州注：「太和十五年（西元491年）置
　　　　東秦州，後改，治杏城。」

　　其餘記錄尚多，此不贅述。在這種情況下，胡族聚居地區中的絕

2　總其數當為二十四州，脫一州，原文即已如此。所脫據《資治通鑑》齊武帝永明四
　年（西元486年）條胡三省注，或為光州。

大多數必也被匯入新造戶籍與郡縣再編的洪流中，從而使前朝編戶化
實施過程中的遺留部分進一步得到清整，這無疑再度加快了胡族生活
方式向漢地居民的轉向。[3]

　　回顧北魏歷代胡族叛亂占當時叛亂總數的比重，知有道武帝時的
百分之二十二點七、明元帝的百分之四十六點七、太武帝的百分七十
一點四、文成獻文帝的百分之三十八點九。至孝文帝時期，得力於在
既往胡族政策施行成果上的大踏步深化改革，此期二十二點一年中僅
發生九次胡族叛亂，所占比重進一步降到太武以來最低的百分之二十
九，並被同期的漢族叛亂數（64.5%）大幅超越。胡族在叛亂頻度
上，此期為年均〇點四一次，和文成、獻文朝的〇點三七次大體持
平，僅相當於太武朝（0.88次）的一半。胡族叛亂歷文成、獻文、孝
文諸帝近半個世紀以來，長期轉型、消釋的進程，雄辯地證明了太武
帝胡族統治策略改革的正確性和長遠意義。

　　這九次叛亂分別為：沃野、統萬二鎮敕勒西叛（西元471年10
月），統萬鎮胡民相率北叛（西元472年1月），東部敕勒叛奔蠕蠕（西
元472年2月），連川敕勒謀叛（西元472年3月），河西費也頭反（西元
472年8月），武都氏攻逼仇池（西元473年10月），柔玄鎮二部敕勒叛
應蠕蠕（西元473年12月），洮陽羌叛（西元480年1月），雍州氏齊男
王反（西元480年1月）。以族源劃分，則有高車（敕勒）四次、氏族
二次，匈奴（費也頭）、羌、未知族屬（統萬鎮胡民）各一次。

3　鎮戍制度的漸次廢棄和編戶工作的長期推行，使不少胡區的部族組織最終消解，這
　　一變化歷程可依次參考前秦建元三年（西元367年）馮翊護軍鄭能進所立〈鄧太尉
　　祠碑〉、建元四年（西元368年）立〈廣武將軍□產碑〉，以及北魏正始元年（西元
　　504年）在今甘肅寧縣所立的《大代持節豳州刺史山公寺碑》。前二碑所在的時代尚
　　有為數極多的當地酋大、部大等部落組織首領任職於胡區地方機構。而據侯旭東的
　　研究，北魏後期的〈山公寺碑〉碑文「所見州縣屬吏亦頗多胡族，但部族組織已不
　　復存在，酋大、部大一類名目也蹤跡全無，表明該州已徹底完成了郡縣化，編戶化
　　的工作當亦已結束。」詳參其〈北魏對待境內胡族的政策——從〈大代持節豳州刺
　　史山公寺碑〉說起〉，《中國社會科學》2008年第5期，一文。

　　與前代相較，傳統的活躍族類——山胡、盧水胡、丁零、匈奴系休屠、屠各種等一時都已難見踪影，與之相應的則是出現了匈奴系費也頭這樣陌生的亂源。傳統的胡族活躍地區——河東、秦隴一帶的叛亂也已經減少，與此同時，薄骨律、沃野、統萬、柔玄等北邊諸鎮開始引人注目地多發以高車為主的叛動。究其原因，在於徙牧為農、編戶入籍的胡族策略行用有年，西起隴右、東到太行一線的舊有胡族都已不同程度地受到來自本身與官府的雙重約制，難以輕易起事。相對而言，數十萬的高車人自太武帝以來被廣泛地「徙置漠南千里之地」（即北鎮分布的主要地區），他們既負責在這一地區的國營牧場放牧獻物，又被源源不斷地徵發入當地的武裝力量之中而長期居留。北鎮一則在氣候上天然地處於遊牧文明帶，沒有適合農耕因素成長的土壤；二則地處邊塞，有著防備柔然的現實需要，在此情境下繼續保留具有鮮明軍事化特徵的軍鎮也就有其必要。也正因為這些原因，類如離散部落、編戶入籍、轉牧為農的成功經驗在這裡便無法施用，高車既處邊地、又不受編戶體制的駕馭，他們在受到北魏的族群壓迫後，想要叛動相對來說就容易得多。此期的四次高車叛亂和一次與高車疑似相關的記錄便明言他們多次以部落組織的形式越界逃奔柔然。如延興二年（西元472年）一月，「統萬鎮胡民相率北叛」，西北邊荒的統萬鎮胡民中自有不少高車族眾。又，同年二月「蠕蠕犯塞……東部敕勒叛奔蠕蠕，太上皇帝（即獻文帝）追之，至石磧，不及而還」。延興三年（西元473年）「十有二月……壬子，蠕蠕犯邊，柔玄鎮二部敕勒叛應之」。魏廷在出兵鎮壓過後往往無法對「以類粗獷、不任使役」的高車進行直接編戶，但仍採用徙民入內地的方式消解其中的部分群落。如延興元年（西元471年）十月，沃野、統萬二鎮高車向西叛逃，太尉源賀親自率軍追擊，直追到枹罕（亦作枹罕，今甘肅臨夏），「滅之，斬首三萬餘級；徙其遺進於冀、定、相三州為營戶」。又，延興二年（西元472年）三月，「連川敕勒謀叛，徙配青、徐、

齊、兗四州為營戶」。這些高車族眾被強制遷入山東這一漢族聚居大區後，在以後的史料中便杳然無聞了。這一時期與高車相似，同樣叛擾於北鎮的還有「河西費也頭」。據《魏書》〈高祖紀〉延興二年（西元472年）：「八月，河西費也頭反，薄骨律鎮將擊走之。」周偉洲先生在〈資虜與費也頭〉[4]一文中研究了「費也頭」這一部族集團形成的過程，文中認為費也頭屬於匈奴系胡部。東漢初葉匈奴衰亡後，費也頭遂遷至秦隴之北及黃河河套一帶。按費也頭雖屬匈奴，在北魏史書中卻鮮有與匈奴系的屠各、休屠等部交通的記載，二者之間或以時代浸久、或以地區隔絕，大概早已生疏。北魏之「河西」原是個泛指的概念，約當今呂梁山以西的黃河東西兩岸地區，但史文既言費也頭是被薄骨律（今寧夏靈武西南）鎮將擊走，則他謀叛的地點當與河西的西北界相近，是也已在廣義的北鎮地區了。除此以外，剩餘幾起發生在傳統胡區的叛亂事件還不到總量的一半，這其中祇有氐族分別在雍州的扶風、武都二郡發動過兩次騷亂[5]，剩下的洮陽羌起事僅見於《魏書》〈天象志〉，其結果也是隨之為鎮守當地的枹罕鎮將所討平。孝文帝時期胡族叛亂在內涵上的這類微妙變化一方面反映了北魏對胡族基層控制的加強，另一面也首次透露出那些遠離國家編戶潮流、居於邊境鎮戍的胡族給北魏政府帶來的隱患。

4　見《文史》第23輯（北京市：中華書局，1985年）。

5　《魏書》卷七上〈高祖紀上〉延興三年（西元473年）：「冬十月……武都王（按「王」應為「氐」之誤，說詳中華書局本校勘記）反，攻仇池。詔長孫觀仍回師討之。」太和四年（西元480年）春正月：「雍州氐齊男王反，殺美陽令，州郡捕斬之。」據《魏書》〈地形志〉，武都郡屬岐州，但岐州為太和十一年（西元487年）後分雍州置，武都此前屬雍州無疑。又據該志，美陽縣屬武功郡，而武功為「太和十一年（西元487年）分扶風（郡）置」，扶風郡始終在雍州，則美陽此前亦屬雍州。

第二節　胡－漢矛盾升至首位

孝文帝時期的二十二點一年中共計發生二十次漢族叛亂，占該時期叛亂總數的百分之六十四點五，遠高於北魏立國以來的任何一個時期（道武帝時的漢族叛亂占比31.8%、明元帝為46.7%、太武帝為17.1%，文成獻文二帝為33.3%）。在叛亂頻度上，年均○點九次的數據同樣無出其右（道武帝0.54次、明元帝0.5次、太武帝0.21次、文成獻文帝0.32次）。這是一個很大的轉變。北魏胡－漢矛盾的演進曲線有如高低相間的波浪，在經歷了一個高起點基礎上顯著下降的平穩期後，它又一次透過層出不窮的漢族叛亂事件突顯了出來。

孝文朝的這些叛亂事件以時間排序，依次有：青州高陽民封辯自號齊王聚黨起事（西元471年9月），朔方民曹平原招集徒黨（西元471年10月至472年3月），齊州妖賊司馬小君聚眾反於平陵（西元471年11月），光州民孫晏等聚黨南通劉昱（西元472年7月），妖人榮永安起事於相州（西元473年1月），沙門慧隱謀反（西元473年12月），齊州妖人劉舉謀叛（西元473年12月），洛州賈伯奴、豫州田智度稱王聚黨（西元475年9月），冀州武邑民宋伏龍聚眾（西元476年5月），秦州民王元壽聚黨五千家（西元477年1月至477年2月），懷州民伊祁苟初聚眾作亂（西元477年11月），南天水郡民柳旃據險不順（西元477至483月）[6]，蘭陵民桓富殺縣令北連太山群盜（西元480年10月至481年4月），平城沙門法秀謀反（西元481年2月），青州主簿崔次恩聚眾謀叛（西元481年5月），涇州民張羌郎扇惑隴東（西元473-482年）[7]，豫州

6　柳旃叛亂不載於〈高祖紀〉，見卷五十一〈皮喜傳〉：「（喜）又拜為使持節、侍中、都督秦雍荊梁益五州諸軍事、本將軍、開府、仇池鎮將，假公如故……太和元年……南天水郡民柳旃據險不順，喜率眾討滅之……七年卒。」據此可知其事發生在太和元年至七年之間，即西元477至483年。

7　張羌郎叛亂〈高祖紀〉亦不載，見卷五十一〈呂羅漢傳〉：「（羅漢）出為鎮西將軍、秦益二州刺史……涇州民張羌郎扇惑隴東……」據吳廷燮〈元魏方鎮年表〉收

城豪胡丘生圖謀應齊（西元487年1月），兗州民王伯恭聚眾勞山（西元489年1月），平原沙門司馬惠御自言聖王（西元490年4月），北地人支酉聚眾數千起事於長安（西元493年9月）。從中可見此期的叛亂有二個特點：

其一，對這些六朝時期帶有門第貴賤區隔的姓氏因素加以分析，可以發現漢族叛亂源的階層構成除了青州的崔次恩和幾個難以辨明真偽的司馬氏叛亂者以外，絕大多數不屬於士族階層。而我們歷觀漢族叛亂較烈的道武帝時期，那時的北方大族范陽盧氏、清河崔氏、清河傅氏、廣平宋氏等同樣是對北魏的統治充滿著敵視與抗爭的[8]。北方的高門不再加入到孝文帝時期的叛亂中來，起始應是與太武帝以來極力籠絡漢族精英群體有著很大關聯。自太武以後，漢人士族與拓跋鮮卑的結合更加緊密，他們便基本不再以這種極端形式表達不滿了。然而士族勢力終究祇是漢族群體中的少數部分，廣大的中下層漢族居民在北魏的拓境中一再擴大，他們依舊受到拓跋鮮卑在社會層級與族群上的雙重壓迫，其對拓跋氏的外在態度也就與前者迥然不同，從而仍然顯得富有抵抗意志與戰鬥精神。

其二，從地理區位上分辨，由於獻文帝時期得劉宋淮北之地，新（改）設有青、齊、光、徐、東徐[9]、東兗[10]、南豫[11]七州，孝文朝的叛亂便有多達八次發生在這些州域，占漢族叛亂總量的百分之四十，這與道武帝初據河北時的情況較為相似。大抵新占領區的漢民在被納

入《兩晉南北朝十史補編》（北京市：中華書局，2005年），呂羅漢任秦益二州刺史的時間在延興三年至太和六年之間，也即西元473至482年。

8　北方士族對待初入中原的拓跋氏政權的態度，可參考本書第一章第二節〈漢、胡叛亂及道武帝「威制」胡夏策略的形成〉的漢族部分及《魏書》卷二十四〈崔玄伯傳〉、卷三十三〈宋隱傳〉的相關記述。

9　東徐州，孝文帝時改稱為南青州。

10　東兗州，孝文帝時改稱為兗州。

11　南豫州，孝文帝時改稱為豫州。

入相對落後的拓跋政權時，其失落感與牴觸性是最強的，叛亂烈度遂隨之抬升。

其三，孝文帝時期，傳統叛亂事件中時常流露出的所謂「官逼民反」的行動理據、「劫富濟貧」式的物質需求呼聲幾無所聞，這可以看出其時北魏的政治運行生態大體上是較為健康的。然而與之形成鮮明對比的是，叛亂者的發動方式在這個時期均有非常相似之處，即普遍利用了漢地讖緯或宗教神學的天命論為自己的起事服務，稱王稱聖者史不絕書，從而體現出一種單純的政治精神訴求。其例如前述孝文帝初年的青州民封辯即是自稱齊王以招引同類，此後又有齊州「妖賊司馬小君，自稱晉後……屯聚平陵，號年聖君」[12]，「妖人劉舉，自稱天子，扇惑百姓」[13]，洛州人「賈伯奴、豫州人田智度聚黨千餘人，伯奴稱恒農王，智度上洛王」[14]，冀州「武邑民宋伏龍聚眾，自稱南平王」[15]，秦州「略陽民王元壽聚眾五千餘家，自號為沖天王」[16]，懷州「民伊祁苟初自稱堯後應王，聚眾於重山」[17]，「沙門法秀以妖術惑眾，謀作亂」[18]，兗州「民王伯恭聚眾勞山，自稱齊王」[19]，「沙門司馬惠御自言聖王，謀破平原郡」[20]。

針對這一時期借助讖緯、宗教思想而群起爆發的漢族叛亂，孝文帝甚至在太和九年（西元485年）專門發布詔書，辭旨嚴厲地宣稱：

　　圖讖之興，起於三季。既非經國之典，徒為妖邪所憑。自今圖

12　《魏書》卷十六〈道武七王之河南王拓跋曜傳附拓跋平原傳〉。

13　《魏書》卷十六〈道武七王之河南王拓跋曜傳附拓跋平原傳〉。

14　《魏書》卷七上〈高祖紀上〉延興五年。

15　《魏書》卷七上〈高祖紀上〉承明元年。

16　《魏書》卷七上〈高祖紀上〉太和元年。

17　《魏書》卷七上〈高祖紀上〉太和元年。

18　《資治通鑑》齊紀建元三年條。

19　《魏書》卷七下〈高祖紀下〉太和十三年。

20　《魏書》卷七下〈高祖紀下〉太和十四年。

讖、秘緯及名為《孔子閉房記》者，一皆焚之。留者以大辟論。又諸巫覡假稱神鬼，妄說吉凶，及委巷諸卜非墳典所載者，嚴加禁斷。[21]

披檢北魏諸帝本紀，上一次以中央政府發文的形式禁斷讖緯還在太武帝太平真君五年（西元444年），去孝文帝之時已四十一載。史稱當年：「正月……戊申，詔曰：『愚民無識，信惑妖邪，私養師巫，挾藏讖記、陰陽、圖緯、方伎之書；又沙門之徒，假西戎虛誕，生致妖孽。非所以壹齊政化，布淳德於天下也。自王公已下至於庶人，有私養沙門、師巫及金銀工巧之人在其家者，皆遣詣官曹，不得容匿……明相宣告，咸使聞知。』」[22]太武帝時期的漢族叛亂最為鮮少，這道詔書實際上主要是針對當時以劉潔、拓跋丕等為代表的鮮卑勛舊勢力，藉以強化部內統治權威而發出的[23]。自那時以後，與讖緯有關的政治因子便漸趨沉寂了。不論孝文帝時期讖緯再興的直接導因為何，這其中流露出的深層因素恐怕是被統治的漢族群體在內心深處對北魏帝王執政合法性的輕蔑與質疑。

此外，文成、獻文時期首度出現的兩個疑似胡族亂源以漢族叛亂的書寫形式記錄之例在孝文帝時期進一步增多。據筆者考校，這類亂源此期擴大到五例，下文分段論列：

---

21 《魏書》卷七上〈高祖紀上〉太和九年。

22 《魏書》卷四下〈世祖紀下〉太平真君五年。

23 關於發生在太平真君四、五年的劉潔之叛，參本書第三章第三節〈皇權體制戰勝鮮卑故習：部內關係轉型的實現〉。又，或以太武帝此詔為當時滅佛的宣言，實則詔書中既包含有北魏的部內政治鬥爭色彩，也確實存在與滅佛有關的因素。鮮卑出自胡族，這一群體中信佛者本來大有其人，太武朝的部族鬥爭與讖緯、宗教因素有過聯繫，但它們均和當時的漢族叛亂缺乏交集則是顯然的。

一　疑似山胡：朔方民曹平原

《魏書》〈高祖紀〉延興元年（西元471年）冬十月：「朔方民曹平原招集不逞，破石樓堡，殺軍將。」按這裡的朔方郡（今陝西延安市子長、延川二縣交界處）、石樓堡（或在今山西呂梁石樓縣）均在山胡的活動範圍內。又，十六國北朝時期，山胡的內部系屬原有盤踞於河西貳城的「東西曹」[24]，這一支勢力的起事記錄屢見於史書。明元帝時期即有「河西胡曹龍」、「西河胡曹成」、「三城胡酋曹栗」等，太武帝時期又有「山胡曹僕渾等渡河西，保山以自固，招引朔方諸胡」，其活動地域正與上引曹平原事相符。檢孝文帝時期的胡族叛亂，此前史不絕書的山胡無一例出現，似不可能消失如此之速。此例中的曹平原疑即經歷了編戶化之後的山胡，故此史官便直言其為「朔方民」了。

二　疑似匈奴：秦州略陽民王元壽

《魏書》〈高祖紀〉太和元年（西元477年）春正月：「己酉，秦州略陽民王元壽聚眾五千餘家，自號為沖天王。」按匈奴系的屠各、休屠諸種原有王姓，秦州略陽一帶更不乏早期的叛亂事例。如《魏書》〈封敕文傳〉載太武帝時「略陽王元達因梁會之亂，聚眾攻城，招引休官、屠各之眾，推天水休官王宿興為秦地王」。甚至在孝文之

24　見《晉書》卷一一三〈苻堅載記上〉前秦建元元年（西元365年）：「匈奴右賢王曹轂、左賢王衛辰舉兵叛，率眾二萬攻其杏城已南郡縣，屯於馬蘭山……堅率中外精銳以討之，以其前將軍楊安、鎮軍毛盛等為前鋒都督。轂遣弟活距戰于同官川，安大敗之，斬活並四千餘級，轂懼而降。堅徙其酋豪六千餘戶於長安。進擊烏延，斬之。鄧羌討衛辰，擒之於木根山。堅自驪馬城如朔方，巡撫夷狄，以衛辰為夏陽公以統其眾。轂尋死，分其部落，貳城已西二萬餘落封其長子璽為駱川侯，貳城已東二萬餘落封其小子寅為力川侯，故號東、西曹。」

後的宣武帝時期也有秦州屠各的記載，如《魏書》〈元麗傳〉：「時（正始三年，西元506年）秦州屠各王法智推州主簿呂苟兒為主，號建明元年，置立百官，攻逼州郡。」如此則王元壽的族屬亦成可疑。唯〈高祖紀〉稱他聚眾五千家而非五千落，並類同其他漢民自擬王號，說明其生活的場域應當確已變得華夏式了。

三　疑似羌族：涇州民張羌郎

《魏書》〈呂羅漢傳〉載他於延興三年至太和六年期間（西元473-482年）任秦、益二州刺史時，「涇州民張羌郎扇惑隴東，聚眾千餘人，州軍討之不能制」。起事者既名羌郎，其為羌族的可能性不小，又《魏書》〈盧淵傳〉同載孝文帝時期有「涇州羌叛，殘破城邑」之事，則此人疑屬羌族。

四　疑似蠻族：豫州城豪胡丘生

《魏書》〈昭成子孫之秦明王翰傳附拓跋禎傳〉：「高祖初，賜爵沛郡公。後拜南豫州刺史⋯⋯初，豫州城豪胡丘生數與外交通。及禎為刺史，丘生嘗有犯，懷恨圖為不軌⋯⋯共謀翻城⋯⋯城中三百人自縛詣州門，陳丘生譎詐之罪。丘生單騎逃走。」此處僅言胡丘生為當地「城豪」，而《南齊書》〈魏虜傳〉迳謂：「荒人胡丘生起義懸瓠，為虜所擊，戰敗南奔。」「荒人」多為南朝政權指稱南北交界處的江漢、江淮「蠻」系族群之辭，《資治通鑑》所記與南齊書略同，並將此事繫於齊紀永明五年（西元487年）。

五　疑似月氏胡：北地人支酉

支酉叛亂一事〈高祖紀〉失收，《南齊書》〈魏虜傳〉謂：「（永明）十一年（西元493年）……北地人支酉聚數千人於長安城北西山起義，遣使告梁州刺史陰智伯。秦州人王度人起義應酉，攻獲偽刺史劉藻。秦雍間七州民皆響震，眾至十萬，各自保壁，望朝廷救其兵。」《魏書》的薛胤、李沖、劉藻諸傳對支酉叛亂也有零星記錄，唯其嚴重程度與南朝史書有較大差異。按支氏顯然與西域的月氏（支）胡姓存有淵源，漢晉之際西域商人與佛教僧人來華，即多有取其國名「支」字襯其前為姓者，如東漢後期的支婁迦讖、三國時期孫吳的支謙、十六國後趙將領支雄、東晉支遁（道林）等。除了姓氏的標籤以外，支酉的起事細節中不僅難見胡風，從他獲得「秦雍間七州民」的響應，並以「各自保壁」的方式抵拒魏軍來看，都已是典型的漢族武裝暴亂了。

越來越多以漢族叛亂形式記錄的胡族亂源，顯示半個世紀編戶化政策實行中胡－胡、胡－漢矛盾兩條支流正在匯聚為一條趨同的幹流。這既是北魏政府主觀引導的結果，也是歷史發展的必由之路。廣義的「漢人」群體在向南拓土與變胡為漢的進程中經意與不經意地一再擴大，胡－漢矛盾的重要性也因此前所未有地提升起來了。面對自身當政時代愈趨單一化的統治矛盾和高發的叛亂事件，孝文帝雖然亦步亦趨地延續了太武帝以來的漢族政策框架，看來至此已收效甚微。儘管此時的漢族叛亂尚囿於北魏強大的軍事機器，難以動搖拓跋氏的國本，然而長此以往，則後果難知，這便是考驗孝文帝統治智慧的歷史關口。

第三節 拓跋鮮卑的統治困境
——孝文帝破局之伏筆

　　北魏立國以來的三類統治矛盾，至孝文帝時期，其發展大勢為：部內矛盾經明元、太武二帝的不斷調整，已經將統治集團內部的組織關係轉化為與華夏王朝類似的宗法傳承關係，部落聯盟中不羈的草原思維也被逐步引導向忠君守節的專制層級理念。胡－胡矛盾自太武帝後期裁撤鎮戍、編戶為民的策略實施後，中經文成、獻文二帝的過渡，到孝文帝時期終於獲得了顯著緩解，其轉化為漢族叛亂的部分則展現了這兩類被統治者與北魏政府之間矛盾合流的新趨向。剩下的胡－漢矛盾在演變中則表現得相對複雜：自北魏初期的威制政策和太武帝時期向漢族傾斜的局部漢化運動後，漢族叛亂曾有過一段隱而不顯的時間，然而至孝文帝時期這種政策似乎達到了其效益的臨界點，境內此起彼伏的漢族叛亂恍如回到了道武帝初據中原時的情景，這即是拓跋鮮卑立國以來遭遇的統治困境。

　　我們知道，太武帝時期曾對胡－漢關係有過調整的努力，即通過部分地恢復漢地舊有的行政組織、吸引大量漢族士人進入統治階層、著力將北魏塑造為一個華夏式正統政權等方式來緩解胡－漢矛盾。這一策略在很長一段時間內是成功的，太武、文成、獻文三朝漢族叛亂始終維持在較低程度的歷史事實便可以證明。那麼，孝文帝時期是否由於改變了太武朝的施政方針而導致漢族叛亂轉劇呢？從這一時期的各項史料來看，這種推斷顯然是不正確的。不論是繼位初年由馮太后臨朝的時期，還是孝文帝之後的親政，這兩位統治者都是漢化政策堅定不移的推行者。孝文朝為解決「民多隱冒」、「廢公岡私」的問題，特地廢除了在北魏基層行用已久的宗主督護制，改行三長制。為配合三長的實行，還相繼推行了均田、改編郡縣、重造戶籍等有利於漢地人民的政策措施，以上孝文帝的漢化改革學界注意很早，且論之甚

詳，筆者已不需贅言。

　　既然孝文帝在太武朝的漢族政策框架內繼續添磚加瓦的努力再難收到效果，那麼這時能否毀棄太武帝的漢化運動，轉而退回道武、明元時期的武力「威制」政策以控扼胡漢矛盾呢？答案也是否定的。姑且不論漢化潮流是拓跋政權在歷史演進中的自然之勢、它不為個人的主觀意願所左右，就便太武帝以前用來威懾胡夏、遍布北魏全境的護軍與軍鎮，在經歷數代的縮編後，在孝文帝時期多已裁撤或改置，從而原貌難存了。另一方面，道武和明元朝的北魏疆土，其涉及的漢族聚居區域祇有山東的黃河北岸，漢民比重較小，北魏可以在這裡從容地「多置軍府」以備平常，一旦事態嚴重還能自鄰近的平城「輕騎南出，耀威桑梓之中」[25]，統治形勢相對簡單。自明元帝後期攻陷劉宋河南數地、獻文帝時期再得劉宋淮北諸州以來，北魏的軍事觸角已經伸向更為廣闊的南方江、淮一線，齊魯、中原、淮北的大量漢民同時也被納入國境之中。這種情況下，即便原有善戰的鮮卑「國兵」也會因鎮戍區域的擴展、兵員分布的零散化而不斷削弱戰鬥力。更何況尚武少文的遊牧族群，其自身武裝力量往往容易在長期的軍事鬥爭中消耗損折，使得兵力補充愈發困難。太武帝就曾大量徵調北鎮的高車族眾進入軍事系統[26]，到孝文帝時代，據《魏書》〈景穆十二王之汝陰王天賜傳〉：「高祖初，殿中尚書胡莫寒簡西部敕勒豪富兼丁者為殿中武士。」則是高車又被進一步增補入北魏的禁軍之中。我們可以想見，據有整個北方的拓跋魏祇要還有政治雄心，其日後的版圖必定祇能往南擴展，屆時漢族領民還會源源不斷地湧入，拓跋鮮卑天然的人口劣

25　《魏書》卷三十五〈崔浩傳〉。

26　太武朝名臣崔浩謂：「高車號為名騎，非不可臣而畜也」（《魏書》〈崔浩傳〉）。《魏書》卷四下〈世祖紀下〉太平真君六年九月條記有太武帝為鎮壓蓋吳之亂，特地「詔發高平敕勒騎赴長安」之事。又同書卷二十八〈古弼傳〉載太武征北時，「使高車敕勒馳擊（赫連）定，斬首數千級。」

勢將因此顯得更為捉襟見肘。有鑒於此,「威制」政策祇是一個特定時期的產物,北魏的歷史進程到了孝文帝的階段,已經不可能重回老路了。

在這樣的兩難困境下,北魏是否再沒有化解矛盾的途徑了呢?我們祇需細加甄別,太武帝時期的漢化改革雖然堪稱大刀闊斧,但並不是沒有遺留的空間。拓跋鮮卑在太武帝政策的指引下改革了行政機構、官僚制度、法律體系乃至意識形態,然而這一切的變革由於其落後的歷史發展階段與保守的族群文化心理,終究要停留在局部的範圍和有限的深度。一旦超越了鮮卑人的底線,其進程便要偃蹇不前,北魏名臣崔浩因推行漢化過激而招致殘酷的政治迫害即是顯例。除此以外,涉及族群語言、服飾、風俗習慣、祭祀傳統等更為原始層面的胡漢區隔,更是在孝文帝以前被視為禁區,在這「稍僭華典,胡風國俗,雜相揉亂」的鮮明背景下,太武帝漢化政策框架的局限性至此可見一斑。

孝文帝時期胡漢關係的再度緊張與高漲的漢族叛亂態勢,或許使他成為北魏諸帝中首先發現改革瓶頸的人。為了進一步打開局面,他在太和十二年(西元488年)以後,尤當十五、十六年(西元491-492年)之際相繼推行了一些前所未有的政策,諸如改定廟號以縮小拓跋氏的「直勤」(宗室)範圍,模仿漢法以血緣關係改降五等爵位,廢止草原時代的西郊祭天習俗、改從南郊,在平城大興土木並模仿漢文明始建明堂與靈臺等。這些改革一言以蔽之,即是為了實現將鮮卑政權徹底地向漢族王朝轉化的「文治」理想。然而這種理想在代北遺風濃厚的平城必然要受到很大阻礙,例如前述改革中變西郊為南郊的祭天儀式在三令五申後,實質仍然由於舊族的反對而最終作罷[27]。建立

---

27 有關孝文帝遷都前一段時間的改革措施及各方對此的反應,逯耀東:《從平城到洛陽——拓跋魏文化轉變的歷程》(北京市:中華書局,2006年)、康樂:《從西郊到南郊:國家祭典與北魏政治》(臺北市:稻禾出版社,1995年1月)、何德章:〈論北

在重重阻力上的改革步調，終於使孝文帝發出了「此間用武之地，非可文治，移風易俗，信為甚難」[28]的感慨。孝文帝敏銳地意識到，要想化解日趨嚴重的胡漢矛盾，在漢族身上已很難找到答案，此外也不可能再如往日那樣重複簡單粗暴的壓迫與反壓迫的政治生態。在新的歷史關口，既然已無法改變別人，那麼祇能改變自己。祇有堅定地清理剩餘的代北舊制、將拓跋鮮卑由「胡」入「漢」這一歷史轉型的進程求得徹底推進，才能夠突破胡－漢關係的最後一道藩籬，也祇有通過和漢族群體在各個層面的深度認同，才能夠從本質上消弭由逐漸激化的胡漢矛盾所表現出來的官民對立。正是基於這樣的思考，太和十七年（西元493年）以後，孝文帝開始醞釀更大規模的行動，我們熟知的「崤函帝宅，河洛王里，因茲大舉，光宅中原」[29]的遷都計劃，終於準備施行，另一個時代的大門正在緩緩開啟。

　　學界歷來對孝文帝遷都洛陽與全盤漢化的分析，大多側重於北魏的文化轉型、北魏與漢人士族的協作、平城經濟狀況的局限、北魏應對柔然的軍事威脅等主題[30]，有的學者還從文明太后長期對孝文帝施加的心理影響層面，對遷都展開更為細膩的歷史推理[31]。然而，在宏觀層面借助演進中的北魏前期叛亂史對孝文帝遷都進行考察的方式，筆者目力所及，迄今尚未得見。因而本書的研究意義很大程度上也在於此。筆者並不否認前賢在探討這一問題中覓得的各種歷史導源，這

魏孝文帝遷都事件〉，《魏晉南北朝隋唐史資料》第15輯，1997年，諸文均有不同程度的考索，可資參看。

28　見《魏書》卷十九中〈景穆十二王之任城王拓跋雲傳附元澄傳〉。

29　《魏書》卷十九中〈景穆十二王之任城王拓跋雲傳附元澄傳〉。

30　相關研究可參逯耀東：《從平城到洛陽──拓跋魏文化轉變的歷程》、韓國磐：《魏晉南北朝史綱》（北京市：人民出版社，1983年）、王仲犖：《魏晉南北朝史》（上海市：上海人民出版社，2008年）、張金龍：《北魏政治史》第七冊（蘭州市：甘肅教育出版社，2008年）等著作。

31　見李憑：《北魏平城時代》第四章第四節之〈孝文帝遷都策中的感情因素〉。

裡所要強調的是，綜合前述章節所論，孝文帝之所以選擇全面漢化乃
至最終遷都洛陽，此時已再難突破的政策框架與諸矛盾匯流後愈趨激
烈的漢族叛亂態勢是其中重要的促成因素。沒有上述因素的參與，孝
文帝一生汲汲於向漢文明演變的心理與突然遷都的政治舉動便很難得
到理性的解釋，這也是本書的這一發現對上述歷史問題的有益補充。

第四節　得與失──北魏前、後期叛亂比較

　　孝文帝是北魏前期的最後一位帝王，同時又是北魏後期政局的奠
基者。孝文帝的遷都使北魏邁向了一個新的時代，它原不在本書的論
述範圍內。然而，我們正可以通過對北魏前、後期的叛亂態勢作一重
點比較，來觀察孝文帝改革對往後叛亂史軌跡的長期影響，揭示其新
政中的成功之處與未加屬意的一些問題。如學界所周知，北魏後期的
叛亂事件風起雲湧、層出不窮，並最終吞噬了拓跋氏政權，使其在分
崩離析中淪為名存實亡的傀儡。這其中的最典型時代，應屬肅宗孝明
帝在位時期。孝明帝為孝文帝之孫，其人以沖齡繼位，朝政在前期完
全由權臣元叉把持，後期則由其母靈太后掌控。孝明帝時期政治頹
敗，治下諸矛盾再次激化，魏末由破落汗拔陵、葛榮等人發動的六鎮
叛亂與莫折念生、萬俟醜奴等發動的秦隴叛亂全都發生在這一時期。
孝明帝死後，契胡酋長爾朱榮隨即率軍入洛，發動了舉世震驚的「河
陰之變」，北中國自此以後進入了另一個發展階段。有鑒於此，筆者
遂將孝明帝統治時代作為北魏後期叛亂的一個縮影來進行考察。此節
對其時的叛亂史事同樣進行簡單論述並輔以數據分析，在此基礎上與
孝文帝時期的叛亂情形進行對比，力圖由此更為鮮明地把握北魏兩大
時期的叛亂特質，進而求索孝文帝政治轉型過程中的得與失。

　　孝明帝統治時期自延昌四年（西元515年）始，止於武泰元年
（西元528年），持續十三點一年時間。期間共計發生三十二次叛亂，

年均二點四四次──即便與北魏前期叛亂頻率最高的孝文朝（1.4
次）相比，其烈度也已將近抬升一倍。當然，僅憑這一點我們無法斷
言孝文帝的遷都漢化政策純屬錯誤。因為洛陽時代的帝王在主觀上往
往疏於理政，所謂「魏自宣武已後，政綱不張」[32]，這與北魏前期大
多勵精圖治的諸帝不同，所以成為引起叛亂抬升的某種政策外因素。
這一新因素正如前人所推測的那樣，當與漢化中帶來的奢靡腐敗之風
存在一定關聯[33]；但顯然也應看到農耕型王朝體制所催生領導者能力
高低的或然性，這種或然性是由古代專制主義政體的世襲弊端所決定
的。主政洛陽的宣武、孝明二帝未能適應新形勢，將其先祖的良好政
風延續下去，其本身就應負有一定責任。筆者以為，在這一點上對孝
文帝進行過多呵責是有失公允的。[34]除此而外，孝明帝時期的叛亂內
涵確已關涉到孝文帝時期的政策框架問題，故而應予特別重視，現將
筆者統計的叛亂來源及其比率羅列於下：

　　孝明帝時期的三十二次叛亂有多達二十次由胡族發動或主導，占
叛亂總量的比率顯著上升，達到了百分之六十二點五。相應地，漢族
在這一時期僅發動九次叛亂，占比為百分之二十八點一。部內叛亂共
有三次，占比百分之九點四。

　　對比孝文帝時代漢族百分之六十四點五、胡族百分之二十九、部
內百分之六點五的比率，我們可以清楚地察見胡亂的回潮趨向，漢、
胡叛亂的比重在數十年後因此再次出現戲劇性的翻轉，祇有部內矛盾

32　《魏書》卷九〈蕭宗紀〉史臣之論。

33　相關論述見陳寅恪：《隋唐制度淵源略論稿》〈禮儀〉，郝松枝：〈全盤漢化與北魏王
　　朝的速亡──北魏孝文帝改革的經驗與教訓〉，《陝西師範大學學報》（哲學社會科
　　學版）2003年第1期，王永平：〈論北魏遷洛鮮卑上層之腐化及其原因〉，《學習與探
　　索》2010年第3期。

34　錢穆先生謂：「凡歷史上有一番改進，往往有一度反動，不能因反動而歸咎改進之
　　本身；然亦須在改進中能善處反動方妙。魏孝文卒後，鮮卑並不能繼續改進，並急
　　速腐化，豈得以將來之反動，追難孝文！」筆者所論正與此相合。引文見氏著：
　　《國史大綱》（北京市：商務印書館，1996年），頁290。

的情況在表面上大致維持。其中，胡族叛亂多發於關隴（7次）、河東
（6次）、山東（3次）與河南（3次），還有一次在六鎮地區。實質上
唯一一次六鎮的破落汗拔陵之亂席捲了邊地的鮮卑化武人[35]，影響甚
巨。拔陵敗後六鎮降戶被魏廷遷往山東的河北地區，於是繼發了杜洛
周、鮮于脩禮、葛榮等人規模更為巨大的叛亂行動，因此山東的叛亂
其實是六鎮之亂的延續。關隴的叛亂在孝明帝時期也再度高發，其主
幹是秦州（治今甘肅天水）與南秦州（治今甘肅隴南）的羌族城人莫
折太提（後由莫折念生領導）勢力與高平鎮（今寧夏固原）的敕勒酋
長胡琛（後由萬俟醜奴領導）勢力，其持續反亂的時間長達七年之
久。在河東，此前屢見於史籍、一度消失的山胡也已重現，山胡酋長
劉蠡升開始盤踞於離北魏舊都平城不遠的雲陽谷（今山西朔州市右玉
縣東北），建號稱帝，四出抄掠魏人，直至將近十年以後方被東魏丞
相高歡擊滅。在魏、梁交界的河南沿邊地帶，則由於魏土的南拓而新
出現了多次蠻系族群的反抗行動。總的來說，此期胡族叛亂者的身分
來源非常明確，主要體現為兩類：其一為戍守軍事性城鎮的城人
（民）[36]與鎮兵，如二秦城民、六鎮武人等；其二為仍舊保留部落組
織的酋長、渠帥，其典型者如高平敕勒酋長胡琛、山胡首領劉蠡升、
契胡酋長爾朱榮等。

　　與之相對的是漢族叛亂的衰歇。孝明帝時期的九次漢族叛亂還不

---

35 六鎮鎮民的來源本不止鮮卑一族，還有高車、漢，以及不同時期徙入的其他胡族。
　　但是北魏後期的六鎮鎮民已經由於長期居止一地而形成了共通的語言習慣和意識形
　　態，故而也常被稱為「鮮卑化」的武裝集團。有關北魏後期的六鎮鎮民及叛亂研
　　究，可參唐長孺、黃惠賢合著的：〈試論魏末北鎮鎮民暴動的性質——魏末人民大
　　起義諸問題之一〉，《歷史研究》1964年第1期、朱大渭：〈北魏末年各族人民大起義
　　若干史實的辨析〉收入《六朝史論》（北京市：中華書局，1998年）、薛海波：〈北
　　魏末年鎮民暴動新探——以六鎮豪強酋帥為中心〉，《文史哲》2011年第2期諸文。

36 日本學者谷川道雄所作《北魏末的內亂與城民》，對魏末城人的性質、來源、地位
　　均有較為深入的辨析，可貴參考。其文見劉俊文主編《日本學者研究中國史論著選
　　譯》第四卷（北京市：中華書局，1993年）。

到總額的三成，就表現情況來說，不僅分布地區零散化（河南、山東各3次，河表七州2次，關隴1次），且其中的不少叛亂缺乏內生的驅力，往往屬於被動呼應六鎮或蕭梁軍事勢力的煽動。如許昌縣令陳平玉風聞南梁軍隊北伐襲據硤石，於是「南引衍軍，以城歸之」；豫州民劉獲、鄭辯見梁軍攻陷東豫州，遂「反於州界，為之內應」[37]。諸如此類，均帶有較強的外部影響因素與狹隘的地域色彩。另一方面，孝文帝時期屢見不鮮的蔑視北魏執政道統（即由儒家思想主導的「正朔」觀念）、借助讖緯而風行的封聖之舉在這一時期除沙門法慶的起事外，均已隱沒不顯。相反地，有些叛亂的發動者在攻殺當地的行政長官以後，甚至自署北魏體制內的官號，從名義上逼迫魏廷對其合法性進行承認。如東郡民趙顯德「殺太守裴烟（焽），自號都督，立其兄子為太守」，齊州廣川民「劉鈞執清河太守邵懷，聚眾反，自署大行臺」，清河民「房須自署大都督，屯據昌國城」即是其例。[38]漢民的這種行為在北魏前期乃至孝文帝遷都最初的一段時間內均可謂幾無所見、聞所未聞，其此時的社會心理是頗值得玩味的，這顯然不能不歸因於遷都漢化政策在塑造政權合法性過程中帶來的巨大作用。

　　綜合上引史事，我們得以發現孝文帝的遷都計劃在實施後，基本完成了它的最初任務——通過遷都與全盤漢化消弭胡漢對立、建立新的族群認同，使得胡－漢矛盾不再是促成北魏滅亡的潛在因素，漢族叛亂的激化態勢遂也就此消散於無形之中。這可謂孝文帝政策的最大一得。

---

37 陳平玉事見《魏書》卷六十六〈李崇傳〉，劉獲、鄭辯事見《魏書》卷九〈肅宗紀〉孝昌四年。

38 以上引文均見於〈肅宗紀〉孝昌三年。又，孝明帝之後還有魏末的漢人邢杲叛亂影響較大。《魏書》卷十四〈神元平文諸帝子孫之高涼王拓跋孤傳附元天穆傳〉稱：「幽州前北平府主簿河間邢杲，擁率部曲，屯據鄭城，以拒洛周、葛榮，垂將三載……時青州刺史元世俊表置新安郡，以杲為太守，未報。會臺申汰簡所授郡縣，以杲從子瑤資蔭居前，乃授河間太守。杲深耻恨，於是遂反。」此處同樣透露出邢杲對北魏執政合法性的認同，謀反正因魏氏未對其授予官爵，將其納入體制所致。

　　與之形成鮮明對比的，則是前述叛動頻仍、破壞甚烈的六鎮鮮卑與關隴等地諸胡。從魏末亂源中仍有為數不少的酋帥與部落組織這一事實可見，胡區的編戶化工作存在著回潮趨向，甚或反不如太武帝之後的一段時期。究其原因，關隴、北鎮等區域由於自然地理的限制，天然地具有遊牧與農耕區的雙重特質[39]，這種雜糅形態不利於編戶定居生活的長期穩固。加之這一時期胡族本身數量的龐大與編戶政策帶來的賦稅壓榨，都是其擺脫政府管控、重塑舊有社會組織的潛在動因。這些因素必然造成北魏的編戶與胡族的反編戶行為持久拉鋸，故此編戶化實質上是一項長期而又帶有曲折性的艱巨任務。北魏前期太武帝政策轉向以後的數十年中，胡－胡統治關係向胡－漢關係顯著合流的大趨勢或許使孝文帝對胡族漢化的進程估計得過於樂觀。遍觀太和年間的史料，孝文帝在一心漢化、實施南遷政策的同時，顯然不曾對這一問題給予過應有的重視。這種輕忽的消極影響在政治中心遠離北鎮與關隴，上述地區成為管束力度進一步下降的邊區之後，胡族組織的再度活躍現象也就因此隨年代浸久而愈發嚴重。

　　至於胡族中另一撥作為兵戶出現之「城人」、「鎮民」在魏末表現出的強烈反抗意識，則應導源於政權漢化後，以士族文化相高的漢文明心態對兵卒身分天然的蔑視。這一心態與此前崇尚武力的盛樂、平城時代已迥然有別，它不僅使原先身分平庸、專職戍守的胡族諸城人的生活境遇受到進一步打擊，甚至也導致作為「親賢」、「高門子弟」[40]的六鎮鎮民，由北魏統治集團內部的一員逐漸在文化心理而漸至制度

---

39 李智君在《邊塞農牧文化的歷史互動與地域分野——河隴歷史文化地理研究》（復旦大學2005屆博士學位論文）中提到：「歷史上河隴（引者按：即河西與隴右的合稱）一直是以一個半島形狀的農耕地帶，深入到高原遊牧地帶的大海之中……海水的沖刷、侵蝕甚至海侵與海退都不可避免。」

40 《魏書》卷十八〈太武五王之廣陽王拓跋建傳附元深（淵）傳〉：「昔皇始（西元396-398年，道武帝年號）以移防為重，盛簡親賢，擁麾作鎮，配以高門子弟，以死防遏。」

層面上受到遷洛本宗舊類的疏遠和排擠，其地位最終在北魏後期下降到「有司乖實，號曰府戶，役同廝養」[41]的程度。鮮卑外的胡族城人自不待言，即六鎮武力與洛陽舊族之間的矛盾至此其實也已由部內矛盾演化為新的胡－胡矛盾，他們向南的報復性攻擊最終摧毀了拓跋鮮卑自身的基業，這應是孝文帝當初所始料未及的。由此可見，對編戶化進程反覆性、長期性的估計不足以及對遷洛後北邊兵戶地位的不當界定是孝文帝時期業已埋下的政策隱憂，上述缺陷最終導致了魏末胡族叛亂勢力的再度猖獗。這也即是孝文帝當日政策中最為顯著的失誤。

第五節　結語

拓跋氏於四世紀在華北所建立的魏國是一個少數族政權，它在統治前期通過武力征服逐漸成為一個初具雛形的華夏文明框架內的王朝國家。但其自身社會機構的許多因子趕不上軍事開拓的速度，仍舊處於落後的酋邦階段。正因如此，潛滋暗長的部內矛盾與叛亂在北魏前期相當長的一段時間內依然時起時伏。其次，拓跋鮮卑落後的生產方式、獨特的族群意識與語言風俗必然會同治下的主體族群——漢族在接觸之初產生一度難以調和的矛盾。其三，不啻其本身，由於漢晉以降諸胡大量內遷的歷史，魏境之內還生活著許多其他的異族。彼時的拓跋氏作為中國第一個較穩固的外來統治族群，尚不能發展出如後世蒙元、滿清那樣「聯胡制漢」的獨特族群政策，它與諸胡之間，也就難免互生齟齬。因為這些特性，使其相對於南中國的漢族王朝而言，在統治中平添了不少矛盾，大為增加了其施政難度。這些矛盾的消長與分合大勢究竟如何，主要即體現在北魏前期一百餘年的叛亂史脈絡中。

---

41 《北齊書》卷二十三〈魏蘭根傳〉。

　　如筆者在前述章節所論的那樣，北魏在應對這三類矛盾上均曾有
過相應的政治對策。相較而言，部內矛盾是早期拓跋統治者最為關注
的一項。從道武帝創立子貴母死制度、翦除宗室勛戚；到明元帝在形
式上緩和部內關係，體制上創立太子監國制度以維護皇權的世襲排他
性；再到太武帝利用道教與傳統儒學、讖緯神學進一步打擊宗室叛亂
勢力，續行太子監國制，至此北魏上層建築內部的層級統屬關係始得
以確立。

　　與對部內矛盾的深切關注相比，早期的胡－胡與胡－漢矛盾實際
上並不受北魏統治者的重視，面對後者發動的系列叛亂，拓跋氏在最
初的半個世紀裡通常依靠其富有自信的武裝力量予以簡單地粉碎。但
是這一情形不可能永遠延續下去，在太武帝統一整個華北，擴充了大
量領民以後尤其如此。蓋吳發動的叛亂（或者也包含蓋吳亂前略早一
些的時候）使太武帝最終正視對手並開始以編戶化政策為中心，著手
系統地解決鮮卑與諸胡間的矛盾。編戶化政策的成效有目共睹，其一
表現為亂源總體的減少——自蓋吳亂後中經文、獻二帝以迄孝文時
代，胡族的叛亂數量與烈度逐期下降，這一點已由前文數據統計作出
的定量分析得到了確鑿的證明。其二則表現為部分亂源向漢族叛亂形
式的合流——此點也已經由北魏史官涇渭分明的叛亂史記述體例而得
以察知。

　　在以上兩項主要矛盾獲得顯著緩釋，相應叛亂在一定時期內歸於
沉寂的時刻，胡－漢矛盾與漢族叛亂終於突顯出來，它遂成為繼任的
北魏統治者不得不著手處理的首要問題。就這一歷史發展的宏觀脈絡
來看，孝文帝為了如他的前輩們一樣不斷地推進政治的良性發展，就
不得不實行遷都漢化的大策，以去除北魏前期歷史矛盾中最後的一處
蕪穢。單就此後漢族叛亂的最終消解而言，孝文帝的政策確實獲得了
預期的成功。然而正如我們前面所分析與評述的那樣，樂觀的胡族編
戶形勢或許使孝文帝存在著對胡－胡矛盾消釋程度的錯誤估計，這遂

影響到了編戶化政策在洛陽時代的持續力度，最終使之成為引起魏末胡亂的一大誘因。此外，漢地文明中輕賤武人的意識由來已久，與鮮卑等諸胡的尚武風氣存在巨大反差。孝文帝本人具備較高的漢文化修養，同時也曾多次率軍親征，可謂文武兼長。但其對漢化過程中的這一胡、漢意識形態矛盾顯然也未予以應有的關切和調整。此種意識伴隨著漢化潮流一並進入了中州鮮卑的頭腦中，逐步地在洛陽與北鎮的鮮卑群體之間劃上了一條深深的鴻溝，帶來鎮民地位的急劇下降，並最終觸發了魏末的六鎮之亂。

北魏後期的胡亂復起表面上與北魏前期叛亂史視野下的政治轉型軌跡已經脫節，其實不然。孝文帝以來漢化政策框架的疏失，造成邊區編戶化進程的倒退以及兵戶身分的急遽下降，客觀上必然要引起相應的叛亂活動再生。而魏末大亂後，同出六鎮鮮卑化武力的北齊高氏集團與北周宇文氏集團分別控制了華北的東、西二部，這兩大集團本身就與以鮮卑為主的胡族生產、生活方式及文化有著千絲萬縷的聯繫。他們從荒莽的胡區中走出，利用自身的武力發動叛亂，似曾相識地進占和控制了中原城市，與廣大的漢族領民不久就發生了再度融合。這一次融合層次更深，覆蓋更廣：大量留居北地、以鮮卑為主幹的胡族集團又一次進入中原，實質上必然隨時間的流逝而逐次為廣大腹地的漢族社會所包圍與同化，從而在自身層面上完成最終的編戶化進程。另一方面，經過了首次大規模漢化的動蕩後，北方社會也由此變得更為理性。胡族文化的尚武之風同樣潛移默化地影響到了漢文明，促成新時期北人文武兼重之社會風氣的形成。[42]在這一風氣影響下，北方終於出現了重視兵戶地位、經濟上兵農合一的府兵制度，並

---

42 有關周、齊時代北方漢人社會形成的尚武之風及其史例，詳參黃壽成《論北朝後期區域文化趨同及比較——東魏北齊與西魏北周之比較》（陝西師範大學2005屆博士學位論文）一文的第二章〈胡族及其他外來文化對漢族之影響〉。

發展為新時期兵制的主流，胡－漢意識形態中固有的矛盾遂也就此消散，不復隔閡。

我們將周、齊以來產生與演進中的諸種變革，置於宏觀的歷史維度下瞻望，可以發現這些變化實質上正是沿著北魏前期孝文帝漢化政策的軌道，對其所未加措意之處進行的繼續補足與修繕——祇不過這種補足不再由拓跋氏政權本身來完成罷了。

北魏後期乃至周齊時代的社會變革，緊密接續著北魏前期為應對社會矛盾與叛亂所實行的政治轉型進程。鮮卑與被其征服的其他胡族在這項長期的演變中一道無可避免地捲入了漢化潮流，部內與胡－胡關係也由此經歷了一個並行趨向華夏文明內部形態的重塑過程。另一方面，發展至魏晉以降的華夏文明，其內涵中雜有的不良習氣又在北魏後期的叛亂中經受邊地鮮卑與諸胡的沖刷，從而在客觀上吸納了胡族文化中的有益質素——這種吸納與匯流實質上也在外部層面推動了「五胡亂華」以來久已沉寂的族群大融合趨勢。隨著部內、胡－漢、胡－胡矛盾的相繼消釋，北方社會終於得以鑄就其真正穩固的共同物質基礎與文化理念。正是在這樣的演進脈絡下，具備廣泛認同的隋唐大一統帝國才能獲得相應的成立條件，中古時代也將因此而翻開它嶄新的一頁。

附表一
道武帝時期（西元386-409年）叛亂表

一　叛亂數據

叛亂源	次數	年均頻度	比率	京畿[1]	山東[2]	河東[3]	不詳
部內	10	0.42	45.5%	6	2	1	1
漢族	8/7[4]	0.54[5]	31.8%	/	6.5	0.5	/
胡族（全體）	6/5	0.38	22.7%	/	2.5	1.5	1
烏丸	2	0.15	9%	/	2	/	/

1 「京畿」指北魏前期作為都城的盛樂、平城一帶，約當今山西北部與內蒙古南部的交界區域。

2 「山東」指太行山以東的河北、齊魯、遼西等廣袤地帶，約當今河北、山東大部，河南東北部及遼寧部分地區。

3 「河東」本指黃河自北向南流經關中以東的地區，約當今山西全境，在本書範圍內為免與山西北部的「京畿」地區重複，而祇包含今山西中、南部及附近地區。

4 為更好地反映數據權重，本表在遇到兩種亂源聯合起事（如西元402年山東地區有漢沙門張翹與丁零鮮于次的合叛）的情況時，採取各以○點五次歸類計算的辦法，並在「/」號之後標記結果。這種方法既未抹煞其中一族參與其事的史實，在總量統計上又可以避免次數、分額重複。另一方面，實際不可能有起事者發動半次叛亂之事，因此「/」號之前仍列出不避重複的原叛亂次數，以備兩相參考。餘下「/」號前後有數字者，皆仿此。

5 在皇始元年（西元396年）道武帝初伐河北之前，北魏基本未領有漢民。因此在計算年均叛亂頻次方面，漢族叛亂數量所除之時間段宜從西元三九六年算起，直至天賜六年（西元409年）道武帝去世為止。餘下北魏統治胡族各部的時間與上述漢族類似，計算方式皆仿此。

叛亂源	次數	年均頻度	比率	京畿	山東	河東	不詳
丁零	2/1	0.08	9%	/	0.5	0.5	/
山胡	1	0.08	4.5%	/	/	1	/
慕容鮮卑	1	0.08	4.5%	/	/	/	1
總和	22	0.92^6	100%	6	11	3	2

二　叛亂簡況

序號	叛亂時間	叛亂源	叛亂地點	叛亂情形	平叛結果	史料出處
1	登國元年（西元386年5月）	護佛侯部帥侯辰、乙弗部帥代題	陵石（《資治通鑑》胡注：「陵石，地名，在盛樂東。」約當今內蒙古呼和浩特市和林格爾縣東北）	領部叛逃	無	《魏書》〈太祖紀〉[7]〈尉古真傳〉
2	登國元年（西元386年8月至386年10月）	帝左右於桓、行人長孫賀、北部大人	盛樂一帶（今內蒙古呼和浩特市和林格爾縣	謀逆、叛逃	誅造謀者五人，餘悉不問	〈太祖紀〉〈昭成子孫之拓跋窟咄傳〉

6　由於道武朝正值北魏草創，統治不同族群的起始年有一定的時間差，因此這裡的年均叛亂頻度僅提供一個大致參考。如以部內、漢族、胡族三類亂源同在北魏治下的西元三九六年算起，則年均頻度高達一點四六次。

7　由於《北史》的記載大多抄掇自《魏書》，甚而時有刪節情形，因此本書對叛亂史料的取材主要參考《魏書》。為書寫簡便考慮，下文所引紀、傳前均不再冠以《魏書》之名，如別出他書，則仍然將書名附列。

序號	叛亂時間	叛亂源	叛亂地點	叛亂情形	平叛結果	史料出處
2		叔孫普洛、諸烏九	北）			
3	登國七年（西元392年3月）	西部泣黎大人茂鮮	？	領部叛逃	遣南部大人長孫嵩追討，大破之	〈太祖紀〉
4	皇始二年（西元397年2月）	并州監軍醜提	盛樂一帶[8]	自并州率所部兵還國作亂	？	《資治通鑑》晉紀隆安元年條、屠喬孫本《十六國春秋》〈後燕錄‧慕容寶〉
5	皇始二年（西元397年2月）	賀蘭部帥附力眷、紇突鄰部帥匿物尼、紇奚部帥叱奴根	陰館（今山西北部朔州市東南）	聚黨謀反	南安公元順率軍討之，不克，死者數千。詔安遠將軍庾岳總萬騎，還討叱奴根等，滅之	〈太祖紀〉〈昭成子孫之毗陵王順傳〉、〈神元平文諸帝子孫之曲陽侯素延傳〉、〈庾業延（岳）傳〉、〈莫題傳〉
6	皇始二年（西元397年2月）	徐超	平原畔城（今山東聊城市南）	聚眾反	詔將軍奚辱捕斬之	〈太祖紀〉

---

8 因「盛樂一帶」的今地名已標注於表格中上文的第二條，為避免釋文繁複，此處不再標注。下同。

序號	叛亂時間	叛亂源	叛亂地點	叛亂情形	平叛結果	史料出處
7	皇始二年（西元397年2月）	并州守將封真	晉陽（今山西太原市西南）	率其種族與徒何為逆	并州刺史拓跋延討平之	〈太祖紀〉
8	天興元年（西元398年1月）	右軍將軍尹國	冀州信都（今河北冀州市）	謀反，欲襲信都	安南將軍長孫嵩執送，斬之	〈太祖紀〉
9	天興元年（西元398年1月）	群盜	博陵、勃海、章武（今河北衡水市饒陽縣、滄州市一帶）	群盜並起，所在屯聚，拒害長吏	略陽公元遵與越騎校尉奚斤等率山東諸軍討平之	〈太祖紀〉〈昭成子孫之常山王遵傳〉、〈奚斤傳〉
10	天興元年（西元398年1月）	廣川太守賀盧	冀州廣川（今河北衡水市景縣）	殺冀州刺史王輔，驅勒守兵，抄掠陽平、頓丘諸郡，遂南渡河，奔慕容德	無	〈太祖紀〉、〈外戚列傳之賀盧傳〉
11	天興元年（西元398年3月）	離石胡帥呼延鐵、西河胡帥張崇等	離石（今山西呂梁市離石區）、西河（今山西呂梁汾陽市一帶）	聚黨數千人叛	詔安遠將軍庾岳率騎三千，討破之，斬鐵擒崇，搜山窮討，散其餘黨	〈太祖紀〉、〈庾業延（岳）傳〉
12	天興元年	群盜庫傉	漁陽（今北	三月，聚	詔中堅將	〈太祖紀〉、

序號	叛亂時間	叛亂源	叛亂地點	叛亂情形	平叛結果	史料出處
12	（西元398年3月至398年7月）	官韜	京市密雲區一帶）	眾反；秋七月，復聚黨為寇	軍伊謂討之，又詔冠軍將軍王建討平之	〈王建傳〉
13	天興元年（西元398年4月）	廣平太守拓跋意烈	鄴行臺所屬之廣平（今河北邯鄲市東北）	陰結徒黨，將襲鄴	于郡賜死，原其妻子	〈太祖紀〉、〈昭成子孫之遼西公意烈傳〉
14	天興元年至二年（西元398年9月至399年2月）	烏丸張驤子超	勃海之南皮（今河北滄州市南皮縣東北）	收合亡命，聚黨三千餘家，自號征東大將軍、烏丸王，抄掠諸郡	詔征虜將軍將軍庾岳討之，破張超於勃海。超走平原，為其黨所殺	〈太祖紀〉、〈庾業延（岳）傳〉
15	天興二年（西元399年3月）	群盜趙准、中山太守仇儒	趙郡（今河北石家莊市趙縣）	聚黨二千餘人，據關城，連引丁零，殺害長吏，扇動常山、鉅鹿、廣平諸郡	詔中領軍長孫肥率三千騎討之，破准於九門，斬仇儒，生擒准。詔以儒肉食，准傳送京師，轘之於市，夷其族	〈太祖紀〉、〈長孫肥傳〉

序號	叛亂時間	叛亂源	叛亂地點	叛亂情形	平叛結果	史料出處
16	天興二年（西元399年4月至399年5月）	前清河太守傅世	清河（今山東臨清市東）	聚黨千餘家，自號撫軍將軍	征虜將軍庾岳討破之	〈太祖紀〉、〈庾業延（岳）傳〉
17	天興二年至天興三年（西元399年8月至400年1月）	范陽人盧溥	河北海濱	聚眾海濱，稱使持節、征北大將軍、幽州刺史，攻掠郡縣，殺幽州刺史封沓干	詔材官將軍和突討盧溥。和突破盧溥於遼西，生獲溥及其子焕，傳送京師，轘之	〈太祖紀〉、〈張袞傳〉、〈盧溥傳〉
18	天興五年（西元402年2月至402年4月）	沙門張翹、丁零鮮于次	常山之行唐（今河北石家莊市行唐縣東北）	保聚常山之行唐	常山太守樓伏連討斬之	〈太祖紀〉、〈樓伏連傳〉
19	天興五年（西元402年11月）	群盜秦頗、丁零翟都	上黨之壺關（今山西長治市東南）	聚眾於壺關	遣左將軍莫題帥眾三千以討之。上黨太守捕頗，斬之。都走林慮。詔題搜山窮討，盡平之	〈太祖紀〉、〈莫題傳〉
20	天賜六年（西元409年7月）	慕容支屬	？	百餘家謀欲外奔	發覺，伏誅，死者三百餘人	〈太祖紀〉

序號	叛亂時間	叛亂源	叛亂地點	叛亂情形	平叛結果	史料出處
21	天賜六年（西元409年8月）	衛王拓跋儀	平城（今山西大同市）	謀叛	太祖使人追執之，遂賜死	〈太祖紀〉、〈昭成子孫之秦明王翰傳附拓跋儀傳〉、〈穆崇傳〉
22	天賜六年（西元409年10月）	清河王拓跋紹	平城	逾宮犯禁，弒父自立	太宗至城西，衛士執送紹。於是賜紹母子死，誅帳下閹官、宮人為內應者十數人，其先犯乘輿者，群臣於城南都街生臠割而食之	〈太宗紀〉、〈道武七王之清河王紹傳〉、〈昭成子孫之秦明王翰傳附拓跋烈傳〉、〈神元平文諸帝子孫之文安公泥傳附拓跋磨渾傳〉、〈嵇拔傳〉

附表二
明元帝時期（西元409-423年）叛亂表

一　叛亂數據

叛亂源	次數	年均頻度	比率	京畿	山東	河東
山胡	3	0.21	20%	/	/	3
丁零	2	0.14	13.3%	/	1	1
烏丸	1	0.07	6.7%	/	1	/
慕容鮮卑	1	0.07	6.7%	1	/	/
胡族（全體）	7	0.5	46.7%	1	2	4
漢族	7	0.5	46.7%	1	4	2
部內	1	0.07	6.7%	1	/	/
總和	15	1.06	100%	3	6	6

二　叛亂簡況

序號	叛亂時間	叛亂源	叛亂地點	叛亂情形	平叛結果	史料出處
1	永興元年（西元409年閏10月）	朱提王悅	平城	懷刃入禁中，將為大逆	叔孫俊疑之，竊視其懷，有刀，執而賜死	〈太宗紀〉、〈昭成子孫之陳留王虔傳附拓跋悅傳〉、〈叔孫俊傳〉

序號	叛亂時間	叛亂源	叛亂地點	叛亂情形	平叛結果	史料出處
2	永興二年（西元410年1月）	黃苗等	平陽（今山西臨汾市西南）	依汾自固，受姚興官號	并州刺史元六頭討平之	〈太宗紀〉、〈神元平文諸帝子孫之文安公尼傳附拓跋屈傳〉、〈于栗磾傳〉
3	永興二年（西元410年8月）	劉牙	章武（今河北滄州市西）	聚黨為亂	山陽侯奚斤討平之	〈太宗紀〉、〈奚斤傳〉
4	永興三年（西元411年5月）	昌黎王慕容伯兒	平城	收合輕俠失志之徒李沈等三百餘人謀反	奚斤留守京師，悉收其黨誅之	〈太宗紀〉、〈奚斤傳〉
5	永興五年（西元413年4月）	勞聰、士臻	上黨（今山西長治市一帶）	群聚為盜，殺太守令長，相率外奔	無	〈太宗紀〉
6	永興五年（西元413年5-8月）	西河胡張外、建興王紹、河西胡曹龍、張大頭等	并州（今山西南部）	聚黨為逆	遣元屈等率眾三千鎮并州，詔劉潔、魏勤等率眾三千鎮西河。曹龍降，執送張外，斬之	〈太宗紀〉、〈崔玄伯傳〉、〈劉潔傳〉、〈于栗磾傳〉
7	永興五年（西元413年10月）	吐京胡出以眷	吐京（今山西呂梁市石樓縣）	叛魏，置立將校，外引赫連	將軍元屈、會稽公劉潔、永安侯魏勤等，	〈太宗紀〉、〈神元平文諸帝子孫之

序號	叛亂時間	叛亂源	叛亂地點	叛亂情形	平叛結果	史料出處
7				屈丐	擊吐京叛胡，失利，潔被傷，勤死之	文安公尼傳附拓跋屈傳〉、〈劉潔傳〉、〈公孫表傳〉
8	神瑞元年（西元414年12月）	司馬順宰	河內（今河南焦作沁陽市）	自號晉王	河內太守討捕不獲	〈太宗紀〉
9	神瑞二年至泰常元年（西元415年3月至416年9月）	河西饑胡白亞栗斯、劉虎	上黨	聚結流民，反於上黨，南寇河內	詔固安子公孫表討虎，為胡所敗。後詔相州刺史叔孫建等大破山胡	〈太宗紀〉、〈叔孫建傳〉、〈公孫表傳〉、〈丘堆傳〉
10	泰常元年（西元416年3月）	霍季	常山（今河北石家莊市東部）	誑惑聚黨，入山為盜	州郡捕斬之	〈太宗紀〉
11	泰常元年（西元416年10月）	徒何部落庫傉官斌	幽州（今河北中北部，含北京地區）	先降，後復叛歸馮跋	驍騎將軍延普渡濡水討擊，大破之，斬斌及馮跋幽州刺史漁陽公庫傉官昌、征北將軍關內侯庫傉官提等首，生擒庫傉官女生，縛送京師。幽州平	〈太宗紀〉
12	泰常元年（西元416	丁零翟猛雀	白澗山（今山西晉城市	驅逼吏民入山，謀	冀州刺史長孫道生、內都大	〈周幾傳〉、〈張蒲傳〉、

序號	叛亂時間	叛亂源	叛亂地點	叛亂情形	平叛結果	史料出處
12	年12月）		陽城縣西北）	為大逆	官張蒲、司衛監拓跋比干、左民尚書（《資治通鑑》作左部尚書）周幾等討滅之	〈韓茂傳〉、〈神元平文諸帝子孫之吉陽男比干傳〉
13	泰常二年（西元417年4月至417年11月）	丁零翟蜀、洛支	定州西山（今河北中西部地區）	外通劉裕	詔長孫嵩遣娥清、周幾等與叔孫建討之，悉滅餘黨而還	〈太宗紀〉
14	泰常二年（西元417年7月）	司馬順之	常山	流言惑眾，聚黨於封龍山	趙郡大盜趙德執送京師，斬之	〈太宗紀〉
15	泰常五年（西元420年5月）	淮南侯司馬國璠、池陽侯司馬道賜等	平城	言己將與溫楷及三城胡酋王珍、曹栗等外叛	坐族誅者數十人	〈太宗紀〉、〈司馬文思傳〉、〈封玄之傳〉、〈封愷傳〉

附表三
太武帝時期（西元423-452年）叛亂表

一　叛亂數據

叛亂源	次數	年均頻度	比率	京畿	山東	河東	關隴[1]	北鎮[2]	不詳
盧水胡	5	0.23[3]	14.3%	1	/	1	3	/	/
山胡	5	0.18	14.3%	/	/	4	1	/	/
匈奴	5/4.5	0.20	12.9%	/	/	1	2.5	/	1
高車	4	0.14/0.17[4]	11.4%	2	/	/	/	2	/

1　「關隴」指關中和隴西地區，約當今陝西並及於寧夏、甘肅的廣袤地帶。

2　「北鎮」指北魏在其國土北境設置的沃野、懷朔、武川、撫冥、柔玄、懷荒、薄骨律、高平等軍鎮機構，其緯度大致在今內蒙古一帶及寧夏、陝西、山西、河北的北部地區。

3　盧水胡的活動範圍主要在關隴地區，北魏神䴥三年（西元430年）以後才逐步控制這裡，故此本表將盧水胡納入太武帝治下的時間自西元四三〇年算起，至正平二年（西元452年）太武帝去世為止，共計二十二年。盧水胡叛亂頻度所據之年限即本此。下文中匈奴（休屠、屠各）、氐、羌的居住區域為北魏控制之年略同於盧水胡，計算方式皆仿此，不再重複出注。

4　高車部民自北魏初年就已是其中的成分，但考慮到太武帝神䴥二年（西元429年）曾驟然遷徙數十萬高車進入漠南定居，這種轉變會對該族的潛在叛亂形勢產生顯著影響。故此以神䴥二年以後的時期（西元429-452年）為標準年限計算出叛亂頻度，同時在「/」號前列有以整個太武帝時期（西元429-452年）為年限計算出的傳統叛亂頻度，以備參考。

叛亂源	次數	年均頻度	比率	京畿	山東	河東	關隴	北鎮	不詳
鮮卑（慕容、禿髮、乙弗）	3	0.11	8.6%	/	1	/	2[5]	/	/
氐	1	0.05	2.9%	/	/	/	1	/	/
丁零	1	0.04	2.9%	/	1	/	/	/	/
北部民	1	0.04	2.9%	/	/	/	/	1	/
羌	1/0.5	0.02	1.4%	/	/	/	0.5	/	/
胡族（全體）	25	0.88[6]	71.4%	3	2	6	10	3	1
漢族	6	0.21	17.1%	/	3	2	1	/	/
部內	4	0.14	11.4%	3	/	/	/	/	1
總和	35	1.24[7]	100%	6	5	8	11	3	2

二　叛亂簡況

序號	叛亂時間	叛亂源	叛亂地點	叛亂情形	平叛結果	史料出處
1	始光二年（西元425年2月）	慕容渴悉鄰	北平（今河北遵化市東）	反於北平，攻破郡治	北平太守與守將擊敗之	〈世祖紀上〉

5　鮮卑乙弗部乙真伽的小規模叛亂發生在西域，太武朝的西域叛亂僅此一件，因價值不大而不便單列，故此將其與叛於張掖的禿髮保周事件一併歸入關隴地區。

6　太武帝時期伴隨領土擴展，不少的胡族在不同時期新納入北魏治下，因此太武朝總體的胡族年均叛亂頻度僅提供一個大致參考。

7　這一數據供參考，原因見本頁註六。如以標誌性的神廳三年（西元430年）為計算的起始點，則年均叛亂頻度為一點四一次。

序號	叛亂時間	叛亂源	叛亂地點	叛亂情形	平叛結果	史料出處
2	神䴥元年（西元428年3月至428年6月）	并州胡酋卜田	并州	謀反	詔靈壽侯古弼征并州叛胡，卜田伏誅	〈世祖紀上〉、〈古弼傳〉、〈王斤傳〉
3	神䴥元年至二年（西元428年10月至429年1月）	定州丁零鮮於臺陽、翟喬	定州西山	以二千餘家叛入西山，劫掠郡縣	州軍討之，失利。詔鎮南將軍、壽光侯叔孫建擊之。丁零鮮于臺陽等歸罪，詔赦之	〈世祖紀上〉
4	神䴥二年（西元429年2月）	李禹	上黨	聚眾殺太守，自稱無上王，署置將帥	河內守將擊破之，禹亡走入山，為人執送，斬之	〈世祖紀上〉、〈于栗磾傳〉、〈公孫軌傳〉
5	神䴥三年（西元430年3月）	敕勒	雲中（今內蒙古呼和浩特市和林格爾縣西北）、河西（今陝西榆林市靖邊縣北）	千餘家叛	尚書令劉潔追滅之	〈世祖紀上〉、〈劉潔傳〉、〈古弼傳〉
6	神䴥三年（西元430年4月）	敕勒	雲中	萬餘落叛走	詔尚書封鐵追討滅之	〈世祖紀上〉
7	延和元年（西元432年9月）	朱脩之	和龍（今遼寧朝陽市）	欲率吳兵謀為大逆	事洩，朱脩之遂亡奔馮文通	〈世祖紀上〉、〈毛脩之傳〉、〈朱脩之傳〉、《宋書》〈朱脩之傳〉

序號	叛亂時間	叛亂源	叛亂地點	叛亂情形	平叛結果	史料出處
8	延和二年（西元433年2月）	休屠征西將軍金崖、羌涇州刺史狄子玉	胡空谷（今陝西咸陽市彬縣西南）	與安定鎮將延普爭權構隙，舉兵攻普，不克，退保胡空谷，驅掠平民，據險自固	詔散騎常侍、平西將軍、安定鎮將陸俟討獲之	〈世祖紀上〉、〈陸俟傳〉
9	延和三年（西元434年1月至434年4月）	休屠金當川	陰密（今甘肅平涼市靈臺縣西）	率眾反，圍西川侯彭文暉於陰密	詔征西大將軍常山王素討當川，後太武帝親征，獲當川，斬之於長安以徇	〈世祖紀上〉
10	延和三年（西元434年閏3月）	秦王赫連昌	河西（今山西呂梁山以西的黃河東西兩岸地區）	叛走	河西候將格殺之。驗其謀反，群弟皆伏誅	〈世祖紀上〉
11	延和三年（西元434年7至10月），餘部出現於太延三年（西元437年7月）	山胡白龍	西河、五原（今內蒙古包頭市西）	憑險作逆	命諸軍討山胡白龍於西河，斬白龍及其將帥，屠其城，破白龍餘黨於五原；太延三年又討山胡白龍餘黨於西河，滅之	〈世祖紀上〉、〈道武七王之陽平王熙傳附拓跋他傳〉、〈明元六王之永昌王健傳〉、〈娥清傳〉、〈奚眷傳〉、〈陳建傳〉、

序號	叛亂時間	叛亂源	叛亂地點	叛亂情形	平叛結果	史料出處
11						〈源賀傳〉、〈薛謹傳〉
12	延和三年（西元434年）	諸高車莫弗	懷荒鎮（今河北張家口市張北縣）	殺懷荒鎮將郎孤而叛	？	〈陸俟傳〉
13	太延元年（西元435年10月）	尚書左僕射安原	平城	謀反	伏誅	〈世祖紀上〉、〈安原傳〉
14	太延五年（西元439年10月）	三城胡	三城（今陝西延安市）	於三城胡部中簡兵六千，將以戍姑臧。胡不從命，千餘人叛走	尚書令潔與建寧王崇擊誅之，虜男女數千人	〈劉潔傳〉
15	太延五年至太平真君元年（西元439年10月至440年7月）	張掖王禿髮保周	張掖（今甘肅張掖市西北）	率諸部叛於張掖	詔撫軍大將軍、永昌王健等督諸軍討保周，破保周於番禾。周遁走自殺	〈世祖紀上〉、〈世祖紀下〉、〈神元平文諸帝子孫之河間公齊傳〉、〈道武七王之河間王修傳附拓跋羯兒傳〉、〈明元六王之永昌王健傳〉、〈奚眷傳〉
16	太平真君二年（西元441年3月）	新興王俊	平城	俊積怨望，有逆謀	事覺賜死	〈世祖紀下〉、〈明元六王之新興王俊傳〉

序號	叛亂時間	叛亂源	叛亂地點	叛亂情形	平叛結果	史料出處
17	太平真君四年（西元443年4月至443年11月）	武都氐楊保宗、楊文德	武都（今甘肅隴南市武都區一帶）	謀反，求援於劉義隆	建興公古弼、仇池鎮將皮豹子、河間公齊等大破諸氐	〈世祖紀下〉、〈神元平文諸帝子孫之河間公齊傳〉、〈皮豹子傳〉
18	太平真君五年（西元444年2月）	尚書令劉潔、樂平王丕、樂安王範、南康公狄鄰、尚書右丞張嵩	？	世祖之征也，（劉）潔私謂親人曰：「若軍出無功，車駕不返者，吾當立樂平王。」	劉潔、狄鄰、張嵩等皆夷三族，樂平王丕以憂薨、樂安王範因疾暴薨	〈世祖紀下〉、〈世祖紀下附恭宗紀〉、〈明元六王之樂平王丕傳〉、〈明元六王之樂安王範傳〉
19	太平真君五年（西元444年6月）	北部民	北鎮地區	殺立義將軍、衡陽公莫孤，率五千餘落北走	追擊於漠南，殺其渠帥，餘徙居冀、相、定三州為營戶	〈世祖紀下〉、〈來大千傳〉（來大千，《北史》本傳作來大干）
20	太平真君五年（西元444年7月）	東雍州刺史沮渠秉	東雍州（治所在今山西運城市新絳縣）	與河東蜀薛安都謀逆	伏誅	〈世祖紀下〉、〈沮渠秉傳〉、〈薛安都傳〉、《宋書》〈安都傳〉
21	太平真君六年（西元445年2月）	吐京胡	吐京	反叛	太武帝西至吐京，討徙叛胡，出配郡縣	〈世祖紀下〉、〈源賀傳〉
22	太平真君六年（西元445年3月）	酒泉公郝溫	杏城（今陝西延安市黃陵縣西南）	反於杏城，殺守將王幡	縣吏蓋鮮率宗族討溫。溫棄城走，自殺，	〈世祖紀下〉、〈韋閬傳〉

序號	叛亂時間	叛亂源	叛亂地點	叛亂情形	平叛結果	史料出處
22					家屬伏誅	
23	太平真君六年至七年（西元445年9月至446年8月）	盧水胡蓋吳	杏城	聚眾反於杏城，諸戎夷普並響應，眾至十餘萬	長安鎮副將元紇率眾討之，為吳所殺；太武帝集重兵親征，逾年後討平之	〈世祖紀下〉、〈神元平文諸帝子孫之高涼王孤傳附拓跋那傳〉、〈崔浩傳〉、〈和歸傳〉、〈周觀傳〉、〈屈道賜傳〉、〈陸俟傳〉、〈薛初古拔傳〉、〈韋閬傳〉、〈裴駿傳〉、〈竇瑾傳〉、〈韓茂傳〉
24	太平真君七年（西元446年3月至446年5月）	金城邊岡（《資治通鑑》作邊固）、天水梁會	上邽東城（今甘肅天水市一帶）	扇動秦益二州雜人萬餘戶，據上邽東城，攻逼西城	秦州刺史封敕文擊之，斬岡，眾復推會為帥。安豐公閭根率騎與敕文討梁會，會走漢中	〈世祖紀下〉、〈封敕文傳〉
25	太平真君七年（西元446年8月）	盧水胡劉超	安定（今甘肅平涼市涇川縣西北）	聚黨萬餘以叛	都督秦雍諸軍事陸俟以方略討平之	〈陸俟傳〉
26	太平真君八年（西元447年1月至447年2月）	山胡曹僕渾等	吐京、河西	阻險為盜，保山以自固，招引朔方	武昌王提、淮南王他討之，不下。後高涼王那等自安定	〈世祖紀下〉、〈神元平文諸帝子孫之扶風公處真傳〉、

序號	叛亂時間	叛亂源	叛亂地點	叛亂情形	平叛結果	史料出處
26				諸胡	討平朔方胡，因與提等合軍，共攻僕渾，斬之。其眾赴險死者以萬數	〈神元平文諸帝子孫之高涼王孤傳附拓跋那傳〉、〈道武七王之河南王曜傳附拓跋提傳〉、〈道武七王之陽平王熙傳附拓跋他傳〉
27	太平真君八年（西元447年2月）	易縣民	易縣（今河北保定市雄縣西北）	不從官命	討平之，徙其餘燼於北地	〈世祖紀下〉
28	太平真君八年（西元447年3月）	河西王沮渠牧犍	平城	謀反	伏誅	〈世祖紀下〉、〈沮渠牧犍傳〉
29	太平真君九年（西元448年2月）	潞民	潞縣（今山西長治市黎城縣北）	反叛	誅潞叛民二千餘家	〈世祖紀下〉
30	太平真君九年（西元448年12月）	柳驢戍主乙真伽（《資治通鑑》作乙直伽）	焉耆（今新疆庫爾勒市焉耆縣一帶）	率諸胡將據城而叛	魏將唐和領輕騎一百匹入其城，擒乙真伽，斬之	〈唐和傳〉
31	太平真君年（西元440至450年）	休官呂豐、屠各王飛廉	上邽（今甘肅天水市）	以八千餘家據險為逆	詔羽林中郎呂羅漢率騎一千討擒之	〈呂羅漢傳〉
32	正平二年（西元452年	南來降民	中山（今河北定州市）	五千餘家謀叛	州軍討平之。冀州刺史、張	〈世祖紀下〉、〈沮渠萬年

序號	叛亂時間	叛亂源	叛亂地點	叛亂情形	平叛結果	史料出處
32	1月）				掖王沮渠萬年與降民通謀，賜死	傳）
33	？	休屠郁原	？	反叛	外都大官拓跋素討之，斬渠率，徙千餘家於涿鹿之陽	〈昭成子孫之常山王遵傳附拓跋素傳〉
34	？（上限不早於西元436年）	高車	薄骨律鎮（今寧夏銀川臨武市西南）	高車叛，圍鎮城	薄骨律鎮將奚兜擊破之，斬首千餘級	〈奚兜傳〉
35	正平二年（西元452年3月）	閹官宗愛	平城	世祖追悼恭宗，愛懼誅，遂謀逆	高宗立，誅愛、周等，皆具五刑，夷三族	〈世祖紀下〉、〈閹官宗愛傳〉

附表四
文成、獻文帝時期（西元452-471年）叛亂表

一　叛亂數據

叛亂源	次數	年均頻度	比率	京畿	山東	河東	關隴	北鎮	河表七州[1]
山胡	3/2.5	0.13	13.9%	/	/	2.5	/	/	/
匈奴	1	0.05	5.6%	/	/	/	1	/	/
丁零	1	0.05	5.6%	/	1	/	/	/	/
高車	1	0.05	5.6%	/	/	/	/	1	/
氐	1	0.05	5.6%	/	/	/	1	/	/
羌	1/0.5	0.03	2.8%	/	/	0.5	/	/	/
胡族（全體）	7	0.37	38.9%		1	3	2	1	/
漢族	6	0.32[2]	33.3%	/	1	/	3	/	2
部內	5	0.27	27.8%	4	/	/	1	/	/
總和	18	0.96	100%	4	2	3	6	1	2

1　「河表七州」指獻文帝天安元年（西元466年）後相繼取得劉宋淮北，新（改）設之青、齊、光、徐、東徐、東兗、南豫七州之地，約當今江蘇、安徽北部與山東黃河以南大部，以及河南部分地區。

2　這一時期有豫州刺史常珍奇、徐州群盜司馬休符兩次叛亂可知確切發生在獻文帝天安元年（西元466年）後北魏所得的淮北之地。本期記錄止於獻文帝皇興五年（西元471年），則該地區五年間的叛亂頻度為○點四次，顯著高於漢族整體的○點三二次。

二 叛亂簡況

序號	叛亂時間	叛亂源	叛亂地點	叛亂情形	平叛結果	史料出處
1	文成帝興安元年（西元452年11月）	屠各王景文	隴西（約當今甘肅六盤山以西，黃河以東一帶）	恃險竊命，私署王侯	詔洛拔與南陽王惠壽督四州之眾討平之，徙其惡黨三千餘家於趙魏	〈高宗紀〉、〈于洛拔傳〉
2	興安二年（西元453年2月）	司空、京兆王杜元寶，建寧王崇，濟南王麗	平城	謀反	賜死	〈高宗紀〉、〈明元六王之建寧王崇傳〉、〈外戚杜超傳附杜元寶傳〉
3	興安二年（西元453年7月）	濮陽王閭若文，征西大將軍、永昌王仁	平城、長安（今陝西西安市西北）	謀反	賜仁死於長安，若文伏誅	〈高宗紀〉、〈明元六王之永昌王健傳附拓跋仁傳〉
4	太安二年（西元456年2月）	丁零	井陘山	數千家亡匿山中，聚為寇盜	詔定州刺史許宗之、并州刺史乞佛成龍討平之	〈高宗紀〉
5	太安二年（西元456年6月）	羽林郎於判、元提	平城	謀反	伏誅	〈高宗紀〉
6	太安五年（西元459年2月至459年6月）	河西叛胡	石樓（今山西呂梁市石樓縣）	反叛	樂安王良督東雍、吐京、六壁諸軍西趣河西，征西將軍	〈高宗紀〉

序號	叛亂時間	叛亂源	叛亂地點	叛亂情形	平叛結果	史料出處
					皮豹子等督河西諸軍南趨石樓，叛胡詣長安首罪	
7	和平元年（西元460年10月）	博陵、章武民	深澤（今河北石家莊市深澤縣東南）、束州（今地不詳）	盜殺縣令	州軍討平之	〈高宗紀〉
8	和平二年（西元461年6月）	胡賊帥賀略孫	石樓	聚眾千餘人叛	長安鎮將陸真擊破之，殺五百餘人	〈陸真傳〉
9	和平二年（西元461年6月）	氐仇傉檀	雍州（治所在今陝西西安市西北）	反叛，氐民咸應，其眾甚盛	真擊平之，殺四千餘人	〈高宗紀〉、〈陸真傳〉、〈薛初古拔傳〉
10	和平中（西元460-465年）	趙昌	咸陽（今陝西咸陽市涇陽縣一帶）	聚黨作逆，百姓騷動	長安鎮將陸真與雍州刺史劉邈討平之	〈高宗紀〉、〈陸真傳〉、〈張靈符傳〉
11	獻文帝天安元年（西元466年2月）	丞相、太原王乙渾	平城	謀反	伏誅	〈顯祖紀〉、〈皇后列傳之文明太后馮氏傳〉、〈神元平文諸帝子孫之武衛將軍謂傳附元丕傳〉
12	皇興元年（西元467年	東平王道符	長安	謀反於長安，殺副	詔司空、平昌公和其奴、東	〈顯祖紀〉、〈太武五王之

序號	叛亂時間	叛亂源	叛亂地點	叛亂情形	平叛結果	史料出處
12	1月）			將駙馬都尉萬古真、鉅鹿公李恢、雍州剌史魚玄明	陽公元丕等討道符。丁未，道符司馬段太陽攻道符，斬之，傳首京師。道符兄弟皆伏誅	東平王翰傳附拓跋道符傳〉、〈陸真傳〉、〈和其奴傳〉、〈李恢傳〉
13	皇興元年至二年（西元467年12月至468年2月）	豫州刺史常珍奇	懸瓠（今河南駐馬店市汝南縣）	乘虛燒城東門，斬三百餘人，虜掠上蔡、安城、平輿三縣居民，屯於灞水	西河公元石馳往討擊，大破之，珍奇乃匹馬逃免	〈常珍奇傳〉
14	皇興二年（西元468年2月）	群盜司馬休符	徐州（治所在今江蘇徐州市）	自稱晉王，扇惑百姓	徐州刺史尉元遣將追斬之	〈顯祖紀〉、〈尉元傳〉
15	皇興五年（西元471年4月）	西部敕勒	約當今山西大同市附近武周塞外以西的廣大地區	諸部敕勒悉叛	詔汝陰王天賜、給事中羅雲討之。雲為敕勒所襲殺，死者十五六	〈顯祖紀〉、〈景穆十二王之汝陰王天賜傳〉
16	？	蓋平定	杏城	聚眾為逆	華州刺史唐玄達討平之	〈唐玄達傳〉
17	？	成赤李	杏城	聚黨逼掠郡縣	華州刺史唐玄達討平之	〈唐玄達傳〉
18	？	羌、胡	河西	領部落反	河西都將李洪	〈酷吏李洪之

序號	叛亂時間	叛亂源	叛亂地點	叛亂情形	平叛結果	史料出處
18				叛	之開以大信，聽其復業，胡人遂降	傳〉

附表五
孝文帝時期（西元471-493年）叛亂表

一　叛亂數據

叛亂源	次數	年均頻度	比率	京畿	山東	河東	關隴	北鎮	河表七州	河南[1]	不詳
漢族	20	0.9	64.5%	1	4	1	4	/	8	1	1
高車	4	0.18	12.9%	/	/	/	/	3	/	/	1
氐	2	0.09	6.5%	/	/	/	2	/	/	/	/
羌	1	0.05	3.2%	/	/	/	1	/	/	/	/
胡民	1	0.05	3.2%	/	/	/	/	1	/	/	/
匈奴（費也頭）	1	0.05	3.2%	/	/	/	/	1	/	/	/
胡族（全體）	9	0.41	29%	/	/	/	3	5	/	/	1
部內	2	0.09	6.5%	2	/	/	/	/	/	/	/
總和	31	1.4	100%	3	4	1	7	5	8	1	2

1　「河南」本是黃河以南的泛稱，這裡指黃河中游南岸地區（不含作為河表七州之一的南豫州區域），該區域的據點在明元帝時期就多已入魏，由於地處南北軍事要衝，叛亂鮮少。孝文朝僅有一次賈伯奴、田智度攻逼洛州（治所在今河南洛陽市一帶）的事件發生於此地。

二 叛亂簡況

序號	叛亂時間	叛亂源	叛亂地點	叛亂情形	平叛結果	史料出處
1	延興元年（西元471年9月）	封辯	青州高陽（今山東淄博市東）	自號齊王，聚黨千餘人	州軍討滅之	〈高祖紀上〉
2	延興元年（西元471年10月）	敕勒	沃野（今內蒙古巴彥淖爾市烏拉特前旗東南）、統萬（今陝西榆林市靖邊縣北）二鎮	叛走	詔太尉、隴西王源賀追擊，至枎罕，滅之，斬首三萬餘級；徙其遺迸於冀、定、相三州為營戶	〈高祖紀上〉、〈源賀傳〉
3	延興元年（西元471年11月）	妖賊司馬小君	平陵（今山東濟南章丘市西）	自稱晉後，聚黨三千餘人反	齊州刺史、武昌王平原討擒之	〈高祖紀上〉、〈道武七王之河南王曜傳附元平原傳〉
4	延興元年至二年（西元471年10月至472年3月）	曹平原	石樓堡（疑即今山西石樓縣一帶）	招集不逞，破石樓堡，殺軍將	石城郡獲曹平原，送京師，斬之	〈高祖紀上〉、〈唐玄達傳〉
5	延興二年（西元472年1月）	胡民	統萬鎮	相率北叛	詔寧南將軍、交址公韓拔等追滅之	〈高祖紀上〉
6	延興二年（西元472年2月）	東部敕勒	約當今山西大同市附近武周塞外以東的廣大地區	借蠕蠕犯塞之機叛奔蠕蠕	太上皇帝追之，至石磧，不及而還	〈高祖紀上〉

序號	叛亂時間	叛亂源	叛亂地點	叛亂情形	平叛結果	史料出處
7	延興二年（西元472年3月）	敕勒	連川（今地不詳）	謀叛	徙配青、徐、齊、兗四州為營戶	〈高祖紀上〉
8	延興二年（西元472年7月）	孫晏	光州（治所在今山東烟臺萊州市）	聚黨千餘人叛，通劉昱	光州刺史叔孫瓚討平之	〈高祖紀上〉
9	延興二年（西元472年8月）	匈奴費也頭	河西	反叛	薄骨律鎮將擊走之	〈高祖紀上〉
10	延興三年（西元473年1月）	妖人榮永安	相州（治所在今河北邯鄲市臨漳縣西南）	反叛	相州執送妖人榮永安於京師，斬之。詔赦其支黨	〈高祖紀上〉
11	延興三年（西元473年10月）	氐	武都	攻逼仇池	上黨王長孫觀與秦、益二州刺史呂羅漢討平之	〈高祖紀上〉、〈呂羅漢傳〉
12	延興三年（西元473年12月）	敕勒	柔玄鎮（今內蒙古烏蘭察布市興和縣西北）	蠕蠕犯邊，二部敕勒叛應蠕蠕	無	〈高祖紀上〉
13	延興三年（西元473年12月）	沙門慧隱	？	謀反	伏誅	〈高祖紀上〉
14	延興三年（西元473年12月）	妖人劉舉	齊州（治所在今山東濟南市）	自稱天子，扇惑百姓	齊州刺史、武昌王平原捕斬之	〈高祖紀上〉、〈道武七王之河南王曜傳附元平原傳〉

序號	叛亂時間	叛亂源	叛亂地點	叛亂情形	平叛結果	史料出處
15	延興五年（西元475年9月）	賈伯奴、田智度	洛州（治所在今河南洛陽市一帶）	聚黨千餘人，伯奴稱恒農王，智度稱上洛王，夜攻洛州	州郡擊之，斬伯奴於緱氏，執智度送京師	〈高祖紀上〉、〈尉撥傳〉、〈鄭羲傳〉
16	承明元年（西元476年5月）	宋伏龍	冀州武邑（今河北衡水市武邑縣）	聚眾，自稱南平王	郡縣捕斬之	〈高祖紀上〉
17	太和元年（西元477年1月至477年2月）	王元壽	秦州略陽（今甘肅天水市秦安縣東北）	聚眾五千餘家，自號為沖天王	秦益二州刺史、武都公尉洛侯討破元壽，獲其妻子，送京師	〈高祖紀上〉、〈酷吏于洛侯傳〉、〈于烈傳〉
18	太和元年（西元477年11月）	伊祁苟初	懷州（治所在今河南焦作沁陽市）	自稱堯後應王，聚眾於重山	洛州刺史馮熙討滅之	〈高祖紀上〉、〈張白澤傳〉
19	太和三年（西元479年9月）	定州刺史、安樂王長樂，內行長乙肆虎	平城、定州（今河北中西部）	與內行長乙肆虎謀為不軌	事發，徵詣京師，賜死	〈高祖紀上〉、〈文成五王之安樂王長樂傳〉
20	太和四年（西元480年1月）	羌	洮陽（今甘肅甘南藏族自治州臨潭縣西）	反叛	枹罕鎮將討平之	〈天象志〉
21	太和四年	氐齊男王	雍州	謀反，殺	州郡捕斬之	〈高祖紀上〉

序號	叛亂時間	叛亂源	叛亂地點	叛亂情形	平叛結果	史料出處
21	（西元480年1月）			美陽令		
22	太和四年至五年（西元480年10月至481年4月）	桓富	蘭陵（今山東臨沂市蒼山縣西）	殺其縣令，與昌慮桓和北連太山群盜張和顏等，聚黨保五固	詔淮陽王尉元等討平之	〈高祖紀上〉、〈薛虎子傳〉
23	太和五年（西元481年2月）	沙門法秀	平城	與蘭臺御史張求、苟兒王、阿辱瑰王等謀反	伏誅	〈高祖紀上〉、〈苟頹傳〉、〈恩幸王睿傳〉、〈恩幸王睿傳附王亮傳〉、〈閹官平季傳〉、〈崔僧祐傳〉《南齊書》〈魏虜傳〉
24	太和五年（西元481年5月）	青州主簿崔次恩	青州（治所在今山東濰坊青州市）	聚眾謀叛	州軍擊之，次恩走鬱洲	〈高祖紀上〉
25	延興三年至太和六年之間（西元473至482年）	張羌郎、蚑廉、符祈等	涇州（治所在今甘肅平涼市涇川縣西北）	扇惑隴東，聚眾千餘人，州軍討之不能制	秦、益二州刺史呂羅漢率步騎一千擊羌郎，擒之。又與略陽公伏阿奴合討賊帥蚑廉、符祈等，破之	〈呂羅漢傳〉

序號	叛亂時間	叛亂源	叛亂地點	叛亂情形	平叛結果	史料出處
26	太和元年至七年之間（西元477至483年）	柳㟟	南天水郡（今甘肅隴南市禮縣東）	據險不順	仇池鎮將皮喜率眾討滅之	〈皮喜傳〉
27	太和十一年（西元487年1月）	胡丘生	懸瓠	豫州城豪胡丘生數與外交通，共謀翻城	南豫州刺史拓跋禎未行鎮壓，城中三百人自縛詣州門，陳丘生謠諑之罪。丘生單騎出逃	〈昭成子孫之秦明王翰傳附拓跋禎傳〉
28	太和十二年（西元488年3月）	中散梁眾保	平城	謀反	伏誅	〈高祖紀下〉、〈樓毅傳〉
29	太和十三年（西元489年1月）	王伯恭	勞山（今山東青島市東）	聚眾勞山，自稱齊王	東萊鎮將孔伯孫討斬之	〈高祖紀下〉
30	太和十四年（西元490年4月）	沙門司馬惠御	平原（今山東聊城市東北）	自言聖王，謀破平原郡	擒獲伏誅	〈高祖紀下〉
31	太和十七年（西元493年9月）	支酉	長安城北西山（今陝西西安市西北）	聚數千人於長安城北西山起義，遣使告南齊梁州刺史陰智伯。秦州人王度人起義應	趙郡王幹、安南將軍盧淵、都將薛胤等共討支酉，薛胤生擒斬之	《南齊書》〈魏虜傳〉、〈盧淵傳〉、〈薛胤傳〉、〈劉藻傳〉、〈李沖傳〉

序號	叛亂時間	叛亂源	叛亂地點	叛亂情形	平叛結果	史料出處
31				酉，攻獲偽刺史劉藻。秦雍間七州民皆響震，眾至十萬		

附表六
孝明帝時期（西元515-528年）叛亂表

一　叛亂數據

叛亂源	次數	年均頻度	比率	山東	河東[1]	關隴	北鎮	河表七州	河南
高車	3	0.23	9.4%	1	1	1	/	/	/
蠻	3	0.23	9.4%	/	/	/	/	/	3
鮮卑	3	0.23	9.4%	1	1	1	/	/	/
山胡	2	0.15	6.3%	/	2	/	/	/	/
氐	2	0.15	6.3%	/	/	2	/	/	/
羌	2	0.15	6.3%	/	/	2	/	/	/
丁零	1	0.08	3.1%	1	/	/	/	/	/
匈奴	1	0.08	3.1%	/	/	/	1	/	/
絳蜀	1	0.08	3.1%	/	1	/	/	/	/
契（羯）胡	1	0.08	3.1%	/	1	/	/	/	/
逆胡	1	0.08	3.1%	/	/	1	/	/	/
胡族（全體）	20	1.53	62.5%	3	6	7	1	/	3

1　「河東」本指黃河自北向南流經關中以東的地區，約當今山西全境。在北魏前期，為免與山西北部的平城「京畿」地區重複，筆者將其範圍劃定在今山西中、南部及附近地區。在以孝明帝時期為代表的北魏後期，由於首都遷洛，「河東」已囊括山西北部的舊京畿一帶，特此說明。

叛亂源	次數	年均頻度	比率	山東	河東	關隴	北鎮	河表七州	河南
漢族	9	0.69	28.1%	3	/	1	/	2	3
部內	3	0.23	9.4%	2	/	/	/	1	/
總和	32	2.44	100%	8	6	8	1	3	6

二 叛亂簡況

序號	叛亂時間	叛亂源	叛亂地點	叛亂情形	平叛結果	史料出處
1	延昌四年（西元515年4月至515年5月）	氐	南秦州（治所在今甘肅隴南市西和縣南）	攻逼鄰境東益州之武興郡	梁州刺史薛懷吉、南秦州刺史崔暹先後擊破反氐，通直常侍盧同持節慰諭，亦多所降下，遂解武興圍	〈肅宗紀〉、〈薛懷吉傳〉、〈盧同傳〉
2	延昌四年（西元515年6月至515年9月），熙平二年（西元517年1月）	沙門法慶	冀州（治所在今河北冀州市）	聚眾反，殺阜城令，破勃海郡，殺害吏人，自稱大乘。餘黨於兩年後復相聚結，攻瀛州	征北大將軍元遙討破之；餘黨復攻瀛洲，瀛洲刺史宇文福討平之	〈肅宗紀〉、〈景穆十二王之京兆王子推傳附元遙傳〉、〈元洪超傳〉、〈崔伯驎傳〉、〈李虔傳〉、〈宇文延傳〉、〈高綽傳〉、〈蕭寶夤傳〉、〈張始均傳〉、〈裴約傳〉、

序號	叛亂時間	叛亂源	叛亂地點	叛亂情形	平叛結果	史料出處
2						〈李叔寶傳〉、〈酷吏谷楷傳〉
3	延昌四年至熙平元年（西元515年9月至516年2月）	許昌縣令兼絟麻戍主陳平玉	許昌（今河南許昌市東）	蕭衍將趙祖悅襲據硤石，陳平玉南引衍軍，以戍歸之	鎮南崔亮、鎮軍李平等克硤石，斬衍豫州刺史趙祖悅，傳首京師，盡俘其眾	〈蕭宗紀〉、〈李崇傳〉、〈陽固傳〉
4	神龜元年（西元518年7月）	羌卻鐵匆	河州（治所在今甘肅臨夏回族自治州臨夏縣）	聚眾反，自稱水池王	行臺源子恭討之，兩旬間悉皆降附	〈蕭宗紀〉、〈穆弼傳〉、〈源子恭傳〉
5	神龜二年（西元519年9月）	劉宣明	瀛洲（治所在今河北滄州河間市）	謀反	事覺，逃亡	〈楊昱傳〉
6	正光元年（西元520年8月）	中山王元熙	相州	據鄴舉兵，欲誅元叉、劉騰	相州長史柳元章、別駕游荊、魏郡太守李孝怡率諸城人執熙並其子弟。又遣尚書左丞盧同斬之於鄴街，傳首京師	〈蕭宗紀〉、〈景穆十二王之南安王楨傳附元熙傳〉、〈景穆十二王之南安王楨傳附元略傳〉、〈道武七王之京兆王黎傳附元叉傳〉、〈李孝怡傳〉
7	正光二年	南荊州刺	安昌（今河	驅掠城	詔李曄持節、	〈蕭宗紀〉、

序號	叛亂時間	叛亂源	叛亂地點	叛亂情形	平叛結果	史料出處
7	（西元521年5月）	史蠻桓叔興[2]	南駐馬店市碻山縣南）	民，叛入蕭衍，衍資以兵糧，令築谷陂城以立洛州，逼土山戍	兼尚書左丞為行臺，督諸軍討叔興，大破之。乘勝拔谷陂，叔興退走	〈李暐傳〉、〈李志傳〉
8	正光二年（西元521年12月）	氐豪吳富、仇石柱等	東益州（治所在今陝西漢中市略陽縣）、南秦州	聚眾反亂	詔中軍將軍、河間王琛討之，魏軍大被摧破，士卒死者千數，率眾走還	〈肅宗紀〉、〈文成五王之河間王若傳附元琛傳〉、〈自序之魏子建傳〉、〈良吏杜纂傳〉、〈源延伯傳〉、〈張普惠傳〉、〈源子恭傳〉
9	正光五年至孝昌元年（西元524年3月至525年6月）	破落汗拔陵	沃野鎮（今內蒙古巴彥淖爾市烏拉特前旗東南）	正光五年三月殺鎮將，號真王元年；孝昌元年三月其別帥王也不	正光五年三月，詔臨淮王彧都督北征諸軍事以討之，五年五月敗於五原。詔尚書令李崇為大都	〈肅宗紀〉、〈明元五王之廣陽王建傳附元深（淵）傳〉、〈崔暹傳〉、〈李崇傳〉、〈叱列延

2 《魏書》卷一○一〈蠻傳〉：「延興中，大陽蠻酋桓誕擁沔水以北，漢葉以南八萬餘落，遣使內屬。」同傳：「誕字天生，桓玄之子也……初，玄西奔至枚回洲，被殺。誕時年數歲，流竄大陽蠻中，遂習其俗。」《南齊書》卷二十六〈陳顯達傳〉則稱：「荒人桓天生自稱桓玄宗族。」不論桓誕確屬桓玄之子抑或假托譙國桓氏，其在「大陽蠻中，遂習其俗」的事實已可標示他的蠻族屬性。又據上引〈蠻傳〉：「（桓誕）子輝……（桓）叔興即輝弟也。」則桓叔興為桓誕子，亦是蠻族的酋帥。

序號	叛亂時間	叛亂源	叛亂地點	叛亂情形	平叛結果	史料出處
9				盧等攻陷懷朔鎮	督，率廣陽王淵等北討。孝昌元年六月，蠕蠕主阿那瑰率眾大破拔陵，斬其將孔雀等	慶傳〉、〈于景傳〉、〈于昕傳〉、〈賀拔勝傳〉、〈費穆傳〉、〈賈顯度傳〉、〈賀拔岳傳〉、〈神元平文諸帝子孫之高涼王孤傳附元天穆傳〉、〈道武七王之京兆王黎傳附元羅侯傳〉
10	正光五年至前廢帝普泰元年（後廢帝元朗中興元年）（西元524年4月至531年4月）	敕勒酋長胡琛	高平鎮（今寧夏固原市）	反，自稱高平王，攻鎮以應破落汗拔陵。又遣其將宿勤明達寇豳、夏、北華三州。琛死，萬俟醜奴僭稱大位，攻陷東秦城，又遣將寇岐州	別將盧祖遷、北海王顥、西道行臺蕭寶夤相繼征之。至孝莊帝永安三年三月，雍州刺史爾朱天光破擒萬俟醜奴。前廢帝普泰元年四月，隴西王爾朱天光大破其將宿勤明達，亂始平	〈蕭宗紀〉、〈孝莊紀〉、〈前廢帝紀〉、〈景穆十二王之汝陰王天賜傳附元修義傳〉、〈源子雍傳〉、〈源延伯傳〉、〈杜顯傳〉、〈崔模傳〉、〈楊侃傳〉、〈蕭寶夤傳〉、〈高恭之傳〉、〈畢祖輝傳〉、〈袁翻傳〉、〈爾朱天光傳〉、〈賀拔

序號	叛亂時間	叛亂源	叛亂地點	叛亂情形	平叛結果	史料出處
10						岳傳〉、〈侯莫陳悅傳〉、〈羊深傳〉、〈辛雄傳〉、〈常景傳〉
11	正光五年至孝昌三年（西元524年6月至527年9月）	羌莫折太提（太提字《魏書》並見常作大提，《北史》、《資治通鑑》皆作莫折大提）、莫折念生	秦州（治所在今甘肅天水市）、南秦州	莫折太提據秦州州城反，自稱秦王，襲南秦州、高平鎮。太提死，其子念生代立，又陷岐州等處，搖蕩秦隴	遣西道行臺大都督蕭寶夤、北海王顥率諸將西討，東益州刺史魏子建亦助剿。至孝昌三年九月，秦州城民杜粲殺莫折念生	〈肅宗紀〉、〈神元平文諸帝子孫之河間公齊傳附元志傳〉、〈景穆十二王之汝陰王天賜傳附元修義傳〉、〈高香傳〉、〈高徽傳〉、〈李彥傳〉、〈李瑒傳〉、〈高欽傳〉、〈自序之魏子建傳〉、〈崔游傳〉、〈楊侃傳〉、〈楊昱傳〉、〈蕭寶夤傳〉、〈崔延伯傳〉、〈高恭之傳〉、〈薛巒傳〉、〈崔士和傳〉、〈袁翻傳〉、〈裴芬之傳〉、〈淳于誕

序號	叛亂時間	叛亂源	叛亂地點	叛亂情形	平叛結果	史料出處
11						傳〉、〈李苗傳〉、〈常景傳〉
12	正光五年（西元524年7月）	涼州幢帥（萬）於菩提、呼延雄	涼州（今甘肅河西走廊東段區域）	執涼州刺史宋穎，據州反	宋穎密遣求援於吐谷渾伏連籌。伏連籌兵討涼州，於菩提棄城走，追斬之	〈肅宗紀〉、〈吐谷渾傳〉
13	正光五年（西元524年8月）	乞伏莫于、牧子（萬）于乞真	秀容（今山西忻州原平市）、南秀容（今山西忻州市西北）	聚眾反，乞伏莫于攻郡殺太守，（萬）于乞真殺太僕卿陸延	別將爾朱榮討平之	〈肅宗紀〉、〈陸延傳〉、〈爾朱榮傳〉、〈資治通鑑〉梁紀普通五年條
14	正光五年至孝莊帝永安二年（西元524年10月至529年11月）	劉安定、就德興	營州（今遼寧西部與河北接壤地區）、平州（今河北東南角唐山以東至秦皇島一帶）	據城反，執營州刺史李仲遵，復攻陷平州，殺刺史王買奴	城人王惡兒斬劉安定以降，德興東走。詔盧同為幽州刺史兼尚書行臺慰勞之。同為德興所擊，敗還。至永安二年十一月，德興降	〈肅宗紀〉、〈孝莊紀〉、〈景穆十二王之任城王雲傳附元順傳〉、〈盧同傳〉、〈李仲遵傳〉
15	正光五年至孝昌元年（西元54年	逆胡	夏州之統萬、東夏州（今陝西中	攻圍夏州，應接破落汗拔	夏州刺史源子雍轉鬥而前，漸平二夏	〈源子雍傳〉、〈源延伯傳〉

序號	叛亂時間	叛亂源	叛亂地點	叛亂情形	平叛結果	史料出處
15	10月至525年1月）		北部地區）	陵之亂		
16	正光五年（西元524年12月）	山胡薛羽、馬牒騰等	汾州（今山西西部）、正平（今山西運城市新絳縣）、平陽（今山西臨汾市）	山胡叛逆，連結正平、平陽	詔章武王融為大都督，率眾討之，為胡所敗。後西北道行臺裴良、平陽太守崔元珍等討破之	〈蕭宗紀〉、〈景穆十二王之章武王太洛傳附元融傳〉、〈裴延俊傳〉、〈裴良傳〉、〈崔元珍傳〉、〈裴慶孫傳〉、〈李苗傳〉、〈范紹傳〉
17	孝昌元年（西元525年1月）	徐州刺史元法僧	徐州（今江蘇北部，兼含河南東北、山東南部部分地區）	據城反，害行臺高諒，遣其子景仲歸於蕭衍。衍遣其將胡龍牙、成景雋、元略等率眾赴彭城	詔安樂王鑒討之，鑒先勝後敗。衍遣其豫章王綜入守彭城，法僧擁其僚屬、守令、兵成及郭邑士女萬餘口南入	〈蕭宗紀〉、〈道武七王之陽平王熙傳附元法僧傳〉、〈道武七王之京兆王黎傳附元叉傳〉、〈景穆十二王之濟陰王小新成傳附元顯和傳〉、〈景穆十二王之南安王余傳附元略傳〉、〈景穆十二王之南安王余傳附元纂傳〉、〈文成五

序號	叛亂時間	叛亂源	叛亂地點	叛亂情形	平叛結果	史料出處
17						王之安豐王猛傳附元延明傳〉、〈獻文六王之趙郡王幹傳附元譚傳〉、〈尉慶賓傳〉、〈李憲傳〉、〈薛曇尚傳〉、〈韋元恢傳〉、〈杜顒傳〉、〈李叔向傳〉、〈高諒傳〉、〈畢聞慰傳〉、〈畢祖彥傳〉、〈李崇傳〉、〈辛雄傳〉
18	孝昌元年至武泰元年（西元525年8月至528年2月）	高車杜洛周[3]	上谷（今北京市延慶區）	號年真王，攻沒郡縣，南圍燕州，又陷幽州、定	詔幽州刺史常景為行臺，征虜將軍元譚為都督，以討洛周，為洛周所敗。後杜洛周	〈肅宗紀〉、〈獻文六王之趙郡王幹傳附元譚傳〉、〈李裔傳〉、〈常景傳〉、〈崔秉

3　周一良以「杜洛周」之名在北朝系史書中稱呼一致，但《梁書》〈侯景傳〉記作「吐斤洛周」，顯然不是漢名。周氏又檢《魏書》〈王慧龍傳附子寶興傳〉：「盧遐妻（以坐崔浩之獄）時官賜度河鎮高車滑骨」，《北史》此處「度河」二字作「度斤」，與「吐斤」音近，因而推斷其為高車人。詳周一良〈北朝的民族問題與民族政策〉一文，收入氏著《魏晉南北朝史論集》。又，《隋書》卷八十四〈北狄突厥傳〉記有開皇十七年突厥突利可汗「遣使來逆女……突利本居北方，以尚主之故，南徙度斤舊鎮，錫賚優厚」云云，此處邊地之鎮名亦與周氏前說相合，故可從之。

序號	叛亂時間	叛亂源	叛亂地點	叛亂情形	平叛結果	史料出處
18				州，迫降瀛洲	為葛榮襲殺，榮遂併其眾	傳〉、〈崔仲哲傳〉、〈楊津傳〉、〈江文遙傳〉、〈陽藻傳〉、〈陽弼傳〉、〈爾朱榮傳〉、〈侯淵傳〉
19	孝昌元年（西元525年10-12月）	群蠻	魯陽（今河南平頂山市魯山縣）	蠻反於三鴉道，寇掠不已	以臨淮王彧為征南大將軍，辛雄為行臺左丞，率眾討魯陽蠻。雄令速赴擊，賊聞之，果自走散	〈肅宗紀〉、〈寇治傳〉、〈辛士泰傳〉、〈裴延俊傳〉、〈袁翻傳〉、〈辛雄傳〉、〈楊機傳〉
20	孝昌元年至東魏孝靜帝天平二年（西元525年12月至535年3月）	山胡劉蠡升	雲陽谷（今山西朔州市右玉縣東北）	反，自稱天子，置官僚，抄掠邊境	天平二年三月，齊獻武王高歡討平山胡劉蠡升，斬之。其子南海王復僭帝號，獻武王進擊，破擒之，及其弟西海王、皇后、夫人已下四百人，並誘逃之人二萬餘戶	〈肅宗紀〉、〈孝靜紀〉、〈裴良傳〉、〈裴慶孫傳〉

序號	叛亂時間	叛亂源	叛亂地點	叛亂情形	平叛結果	史料出處
21	孝昌二年（西元526年1月至526年8月）	丁零鮮于脩禮	定州之左人城（今河北保定市唐縣西北）	五原降戶鮮于脩禮反於定州，號魯興元年，攻圍定、瀛二州	詔長孫稚為北討諸軍事，與都督河間王琛率將討之，失利。又以高陽王雍、廣陽王淵率都督章武王融北討脩禮，後賊帥元洪業斬鮮于脩禮，請降	〈肅宗紀〉、〈太武五王之廣陽王建傳附元深（淵）傳〉、〈景穆十二王之章武王太洛傳附元融傳〉、〈文成五王之河間王若傳附元琛傳〉、〈楊昱傳〉、〈長孫稚傳〉、〈崔孝演傳〉、〈楊津傳〉、〈楊逸〉、〈畢祖朽傳〉、〈甄楷傳〉、〈爾朱榮傳〉
22	孝昌二年（西元526年3月）	西部敕勒斛律洛陽	桑乾（今山西朔州市山陰縣東南）	作逆桑乾西，與費也頭牧子迭相掎角	別將爾朱榮率騎破洛陽於深井，逐牧子於河西	〈肅宗紀〉、〈爾朱榮傳〉
23	孝昌二年（西元526年6月）	絳蜀陳雙熾	平陽、正平、建興（今山西晉城市北）三郡	聚眾反，自號始建王	詔假鎮西將軍、都督長孫稚討雙熾，平之	〈肅宗紀〉、〈文成五王之河間王若傳附元琛傳〉、〈長孫稚傳〉、〈費穆傳〉、〈裴良傳〉、〈裴慶孫

序號	叛亂時間	叛亂源	叛亂地點	叛亂情形	平叛結果	史料出處
23						傳〉、〈李苗傳〉
24	孝昌二年至永安元年（西元526年8月至528年9月），餘黨至永安二年（西元528年至529年9月）	葛榮	河北諸州（主體在今河北中、南部）	稱天子，號曰齊國，年稱廣安。旋併杜洛周之眾，陷殷、冀、滄等州，河北大亂	都督廣陽王淵、章武王融討之失利，都督源子邕、裴衍等與戰，又敗。至建義元年九月，上黨王元天穆、柱國大將軍爾朱榮討葛榮，爾朱榮率騎七萬戰於滏口，破擒之，餘眾悉降。冀、定、滄、瀛、殷五州平	〈肅宗紀〉、〈神元平文諸帝子孫之高涼王孤傳附元天穆傳〉、〈明元五王之臨淮王譚傳附元孚傳〉、〈太武五王之廣陽王建傳附元深（淵）傳〉、〈景穆十二王之章武王太洛傳附元融傳〉、〈文成五王之安樂王長樂傳附元鑒傳〉、〈文成五王之安樂王長樂傳附元斌之傳〉、〈獻文六王之北海王詳傳附元顥傳〉、〈曹世表傳〉、〈爾朱榮傳〉、〈叱列延慶傳〉、〈斛斯椿傳〉、〈穆紹

序號	叛亂時間	叛亂源	叛亂地點	叛亂情形	平叛結果	史料出處
24						傳〉、〈賈景興傳〉、〈李憲傳〉、〈李裔傳〉、〈李育傳〉、〈李孝怡傳〉、〈李神俊傳〉、〈源子雍傳〉、〈源延伯傳〉、〈房祖淵傳〉、〈李神軌傳〉、〈盧文翼傳〉、〈李瑾傳〉、〈鄭士恭傳〉、〈崔巨倫傳〉、〈崔楷傳〉、〈崔孝芬傳〉、〈崔孝暐傳〉、〈楊津傳〉、〈甄密傳〉、〈李神傳〉、〈李琰之傳〉、〈張宣軌傳〉、〈裴衍傳〉、〈江文遙傳〉、〈路仲信傳〉、〈路思令傳〉、〈潘永基傳〉、〈侯淵傳〉、〈宋叔集傳〉、〈賈顯度傳〉

序號	叛亂時間	叛亂源	叛亂地點	叛亂情形	平叛結果	史料出處
25	孝昌二年（西元526年11月）	劉樹、劉蒼生	平原（今山東聊城市東北）	聚眾反，攻陷郡縣，頻敗州軍	齊州刺史元欣以平原房士達為將，率軍破走之。劉樹奔蕭衍	〈肅宗紀〉、〈房士達傳〉、〈曹世表傳〉
26	孝昌三年（西元527年2月至527年4月）	趙顯德	東郡（今河南滑縣東南）	殺太守裴烟（〈肅宗紀〉作裴烟。其人本傳作烟，《北史》本傳亦作烟），自號都督，立其兄子為太守	別將元斌之討東郡，斬顯德	〈肅宗紀〉、〈裴烟傳〉
27	孝昌三年（西元527年3月至527年6月）	劉鈞、房須	廣川（今山東濱州市鄒平縣東北）、清河（今山東聊城市臨清縣東北）	齊州廣川民劉鈞執清河太守邵懷，聚眾反，自署大行臺。清河民房須自署大都督，屯據昌國城	詔都督李叔仁討劉鈞，青州刺史元劭亦遣鹿念監州軍往討，平之	〈肅宗紀〉、〈獻文六王之彭城王勰傳附元邵傳〉、〈房士達傳〉、〈鹿念傳〉、〈曹世表傳〉
28	孝昌三年（西元527年	劉獲、鄭辯	陳郡西華（今河南省	蕭衍將湛僧珍陷東	以曹世表為東南道行臺，率	〈肅宗紀〉、〈曹世表傳〉

序號	叛亂時間	叛亂源	叛亂地點	叛亂情形	平叛結果	史料出處
28	7月）		周口市西華縣西南）	豫州，豫州民劉獲、鄭辯反於州界，為之內應，且號年天授	元安平、元顯伯、皇甫鄧林、是云寶等討平之	
29	孝昌三年（西元527年7月至527年8月）	安樂王元鑒	相州	據相州之鄴反，遣弟斌之夜襲北討都督源子雍軍	都督源子邕、李軌、裴衍攻鄴，斬鑒，相州平	〈肅宗紀〉、〈文成五王之安樂王長樂傳附元鑒傳〉、〈文成五王之安樂王長樂傳附元斌之傳〉、〈李憲傳〉、〈源子雍傳〉、〈李神軌傳〉、〈裴衍傳〉
30	孝昌三年至孝莊帝永安三年（西元527年10月至530年4月）	雍州刺史蕭寶寅	雍州（今陝西中南部一帶）	反，僭舉大號，赦其部內，稱隆緒元年，立百官。乃遣郭子恢東寇潼關，行臺張始榮圍華州刺史崔襲	詔尚書僕射行臺長孫稚討之。寶寅敗，尋奔萬俟醜奴，醜奴以寶寅為太傅。永安三年，都督爾朱天光遣賀拔岳等破醜奴於安定，追擒醜奴、寶寅，並送京師	〈肅宗紀〉、〈蕭寶寅傳〉、〈酷吏酈道元傳〉、〈長孫稚傳〉、〈崔睦傳〉、〈封偉伯傳〉、〈韋嵩遵傳〉、〈蘇湛傳〉、〈姜儉傳〉、〈杜顒傳〉、〈裴詢傳〉、〈楊侃

序號	叛亂時間	叛亂源	叛亂地點	叛亂情形	平叛結果	史料出處
30						傳〉、〈楊椿傳〉、〈高顯族傳〉、〈羊深傳〉、〈董紹傳〉、〈辛雄傳〉
31	武泰元年（西元528年2月）	蠻帥李洪	伊闕（今河南洛陽市南）以東至鞏縣（今河南鞏義市西）	扇動諸落，伊闕已東，至於鞏縣，多被燒劫	詔武衛將軍李神軌為都督、費穆兼武衛將軍，討平之	〈肅宗紀〉、〈李神軌傳〉、〈費穆傳〉、〈崔孝暐傳〉
32	武泰元年（西元528年2月至528年4月）	爾朱榮	晉陽	自晉陽起兵入洛。至河陰，殺戮朝士，沈皇太后及幼主於河	以黃門侍郎李神軌為大都督拒之，眾皆或敗或降，爾朱榮遂入洛陽	〈肅宗紀〉、〈爾朱榮傳〉、〈神元平文諸帝子孫之高涼王孤傳附元天穆傳〉、〈神元平文諸帝子孫之高涼王孤傳附元鷙傳〉

參考文獻

一 歷史文獻

（西漢）司馬遷撰 《史記》 北京市 中華書局 1982年

（東漢）班 固撰 《漢書》 北京市 中華書局 1962年

（劉宋）范 曄撰 《後漢書》 北京市 中華書局 1965年

（晉）陳 壽撰 《三國志》 北京市 中華書局 2004年

（晉）常 璩撰，嚴茜子點校 《華陽國志》 載《二十五別史》 濟南市 齊魯書社 2000年

（北魏）崔 鴻撰，（清）湯球輯補 《十六國春秋輯補》 載《二十五別史》 濟南市 齊魯書社 2000年

（唐）房玄齡撰 《晉書》 北京市 中華書局 1974年

（北齊）魏 收撰 《魏書》 北京市 中華書局 1974年

（唐）李延壽撰 《北史》 北京市 中華書局 1974年

（唐）李延壽撰 《南史》 北京市 中華書局 1975年

（南梁）沈 約撰 《宋書》 北京市 中華書局 2008年

（南梁）蕭子顯撰 《南齊書》 北京市 中華書局 1972年

（唐）姚思廉撰 《梁書》 北京市 中華書局 1973年

（唐）李百藥撰 《北齊書》 北京市 中華書局 1972年

（唐）令狐德棻等撰 《周書》 北京市 中華書局 1971年

（唐）林 寶撰，岑仲勉校記 《元和姓纂》 北京市 中華書局 1994年

（唐）李吉甫撰 《元和郡縣圖志》 北京市 中華書局 1983年

（宋）樂　史撰　《太平寰宇記》　北京市　中華書局　2007年

（宋）宋敏求撰　《長安志》　載《宋元方志叢刊本》　北京市　中華書局　1990年

（宋）司馬光編撰，（元）胡三省音注　《資治通鑑》　北京市　中華書局　1956年

（宋）葉　適撰　《習學記言》　上海市　上海古籍出版社　1992年

（清）王鳴盛撰　《十七史商榷》　上海市　上海書店出版社　2005年

（清）趙　翼撰　《廿二史劄記》　北京市　中華書局　2008年

（清）錢大昕撰　《廿二史考異》　上海市　上海古籍出版社　2004年

（清）顧祖禹撰　《讀史方輿紀要》　北京市　中華書局　2005年

（清）萬斯同撰　《魏外戚諸王世表》　載《二十五史補編》　北京市　中華書局　1986年

（民國）吳廷燮撰　〈元魏方鎮年表〉　載《兩晉南北朝十史補編》　北京市　中華書局　2005年

二　學術著作

陳寅恪講授，萬繩楠整理　《陳寅恪魏晉南北朝史講演錄》　貴州市　貴州人民出版社　2007年4月

陳寅恪著，陳美延編　《金明館叢稿初編》　北京市　生活・讀書・新知三聯書店　2001年

陳寅恪　《隋唐制度淵源略論稿》　北京市　中華書局　1963年

譚其驤主編　《中國歷史地圖集》　北京市　中國地圖出版社　1982年

唐長孺　《魏晉南北朝史論叢》　石家莊市　河北教育出版社　2002年

唐長孺　《魏晉南北朝史論叢續編》　北京市　生活・讀書・新知三聯書店　1978年

唐長孺　《魏晉南北朝史論拾遺》　北京市　中華書局　1983年

周一良　《魏晉南北朝史論集》　北京市　北京大學出版社　1997年

韓國磐　《魏晉南北朝史綱》　北京市　人民出版社　1983年

王仲犖　《魏晉南北朝史》　上海市　上海人民出版社　2008年

錢　穆　《國史大綱》　北京市　商務印書館　1996年

何德章　《魏晉南北朝史叢稿》　北京市　商務印書館　2010年11月

（日）谷川道雄主編　《魏晉南北朝隋唐史學的基本問題》　北京市
　　　　中華書局　2010年

姚薇元　《北朝胡姓考》　北京市　中華書局　1962年

馬長壽　《北狄與匈奴》　北京市　生活・讀書・新知三聯書店　1962
　　　　年

馬長壽　《烏桓與鮮卑》　桂林市　廣西師範大學出版社　2006年

馬長壽　《氐與羌》　桂林市　廣西師範大學出版社　2006年

馬長壽　《碑銘所見前秦至隋初的關中部族》　北京市　中華書局
　　　　1985年

段連勤　《丁零、高車與鐵勒》　上海市　上海人民出版社　1988年

田餘慶　《拓跋史探》　北京市　生活・讀書・新知三聯書店　2003
　　　　年

張澤咸、朱大渭主編　《魏晉南北朝農民戰爭史料彙編》　北京市
　　　　中華書局　1980年

朱大渭主編　《中國農民戰爭史・魏晉南北朝卷》　北京市　人民出
　　　　版社　1985年

臺灣三軍大學編　《中國歷代戰爭史・南北朝時代》　北京市　軍事
　　　　譯文出版社　1983年

葛劍雄主編並撰　《中國人口史》　第1卷　導論、先秦至南北朝時
　　　　期　上海市　復旦大學出版社　2002年

嚴耕望　《中國地方行政制度史・魏晉南北朝地方行政制度》　上海
　　　　市　上海古籍出版社　2007年

周振鶴　《中國地方行政制度史》　上海市　上海人民出版社　2005年

鄭欽仁　《北魏官僚機構研究》　臺北市　稻禾出版社　1995年

嚴耀中　《北魏前期政治制度》　長春市　吉林教育出版社　1990年

張金龍　《北魏政治史》　蘭州市　甘肅教育出版社　2008年

毛漢光　《中國中古社會史論》　上海市　商務印書館　2002年

馬良懷　《士人　皇帝　宦官》　長沙市　岳麓書社　2003年

陳　爽　《世家大族與北朝政治》　北京市　中國社會科學出版社
　　　　1998年

（英）羅　素撰，靳建國譯　《權力論》　北京市　東方出版社
　　　　1988年

李　憑　《北魏平城時代》　北京市　社會科學文獻出版社　2000年

逯耀東　《從平城到洛陽──拓跋魏文化轉變的歷程》　北京市　中
　　　　華書局　2006年

康　樂　《從西郊到南郊：國家祭典與北魏政治》　臺北市　稻禾出
　　　　版社　1995年

甘懷真　《皇權、禮儀與經典詮釋 中國古代政治史研究》　臺北市
　　　　臺灣大學出版中心　2004年

侯旭東　《北朝村民的生活世界──朝廷、州縣與村里》　北京市
　　　　商務印書館　2005年

趙萬里　《漢魏南北朝墓志集釋》　北京市　科學出版社　1956年

趙　超主編　《漢魏南北朝墓志彙編》　天津市　天津古籍出版社
　　　　1992年

《歷史研究》編輯部撰　《建國以來史學理論問題討論舉要》　濟南
　　　　市　齊魯書社　1983年

梁茂信　《都市化時代──二十世紀美國人口流動與城市社會問題》
　　　　長春市　東北師範大學出版社　2002年

三 期刊論文

柳春藩 〈北魏初期各族人民的反壓迫鬥爭〉 《史學月刊》1957年第11期

馮君實 〈北魏前期各族人民的反抗鬥爭〉 《東北師範大學學報》（哲社版）1983年第3期

（日）古賀昭岑撰，李憑譯 〈北魏部族的解散〉 《山西大學學報》1983年第4期增刊

羅 新 《北魏直勤考》 《歷史研究》2004年第5期

冊有江 《北魏政區地理研究》 復旦大學2005屆博士學位論文

王仁磊 《試論河北地區在北魏前期政局中的地位與影響》 鄭州大學2006屆碩士學位論文

孔 毅 《北魏前期北方世族在政權中的地位再認識》 《重慶師範大學學報》（哲社版）2004年第1期

樓 勁 《北魏天興「律令」的性質和形態》 《文史哲》2013年第2期

張達志 《北魏道武帝入主中原與胡漢融合的歷程》 《東南文化》2008年第4期

侯雲龍 《謝靈運年譜》 《吉林師範大學學報》（人文社會科學版）2005年第5期

（日）船木勝馬撰，古清堯譯 〈北魏太宗朝的諸叛亂〉 《民族譯叢》1987年第1期

劉 軍 《試論北魏明元帝的復位》 《牡丹江師範學院學報》（哲社版）2009年第5期

曹文柱 〈北魏明元太武兩朝的世子監國〉 《北京師範大學學報》（哲社版）1991年第4期

（日）窪添慶文 〈關於北魏的太子監國〉 《文史哲》2002年第1期

李海葉　《北魏時期的慕容鮮卑》　《寧夏大學學報》（人文社會科
　　　　學版）2009年第3期

辛　迪　《關於庫傉官氏的族屬——魏晉南北朝時期北方少數民族融
　　　　合的一個實例》　《內蒙古師大學報》（哲社版）2001年第4期

山西大同市博物館、山西省文物工作委員會撰　〈山西大同石家寨北
　　　　魏司馬金龍墓〉　《文物》1972年第3期

吳　荭、張隴寧、尚海嘯　〈新發現的北魏〈大代持節豳州刺史山公
　　　　寺碑〉〉　《文物》2007年第7期

侯旭東　〈北魏對待境內胡族的政策——從〈大代持節豳州刺史山公
　　　　寺碑〉說起〉　《中國社會科學》2008年第5期

嚴耕望　《北魏尚書制度考》　收入《嚴耕望史學論文集》　上海市
　　　　上海古籍出版社　2009年

韓　昇　〈魏晉隋唐的塢壁和村〉　《廈門大學學報》（哲社版）
　　　　1997年第2期

曹道衡　〈魏太武帝和鮮卑拓跋氏的漢化〉　《齊魯學刊》2002年第
　　　　1期

蘇慶彬　〈元魏北齊北周政權下漢人勢力之推移〉　《新亞學報》第
　　　　6卷第2期

楊富華　〈論北魏初期的蓋吳起義〉　《漢中師院學報》（哲社版）
　　　　1993年第4期

盧開萬　《《魏書·陸俟傳》所載蓋吳之死辨疑》　《魏晉南北朝隋
　　　　唐史資料》第4輯（1982年）

戴衛紅　〈蓋吳起義與關中地方行政體制變革〉　《中國史研究》
　　　　2009年第3期

周偉洲　〈魏晉南北朝時期的護軍制〉　收入氏著《邊疆民族歷史與
　　　　文物考論》　哈爾濱市　黑龍江教育出版社　2000年

嚴耕望　《北魏軍鎮制度考》　《中央研究院歷史語言研究所集刊》
　　　　34上　1962年

高　敏　〈十六國時期的軍鎮制度〉　《史學月刊》1998年第1期

牟發松　《北魏軍鎮考補》　收入武漢大學魏晉南北朝隋唐史研究室
　　　　編《魏晉南北朝隋唐史資料第1-7期合訂本》

（日）直江直子撰，李憑譯　〈北魏的地方行政制度與鎮人〉　《山
　　　　西師大學報》（社會科學版）1985年第3期

何建國　《北魏軍鎮研究》　山西大學2005屆碩士學位論文

葉文憲　〈魏晉南北朝時期「農民起義」的甄別與研究——兼論反社
　　　　會武裝和反政府武裝〉　《史學月刊》2013年第1期

（日）塚本善隆　〈北魏の佛教匪〉　收入《支那仏教史研究》北魏
　　　　篇　東京市　弘文堂　1942年

（日）北村一仁　〈論南北朝時期的「亡命」——以社會史側面為中
　　　　心〉　收入《魏晉南北朝隋唐史資料》第22輯（2005年）

王永平　〈北魏時期南朝流亡人士行跡考述〉　收入殷憲主編《北朝
　　　　史研究》　北京市　商務印書館　2004年

陳新海　〈北魏的「西河胡」與「河西胡」〉　《中國歷史地理論
　　　　叢》1989年第2期

劉　軍　《北魏宗室階層研究》　吉林大學2009屆博士學位論文

劉　軍　〈論北魏前期宗室在禁軍中的地位及作用〉　《許昌學院學
　　　　報》2013年第1期

袁　方　〈略論北魏前期皇帝對宗王的限制和打擊〉　《昭通師範高
　　　　等專科學校學報》2006年第4期

張甫榮　《北魏中央集權過程研究》　中國社會科學院研究生院2002
　　　　屆博士學位論文

王霄燕　〈論北魏法律的特點〉　《晉陽學刊》1991年第3期

呂思靜　《稽胡史研究》　華中師範大學2012屆碩士學位論文

白　雪　《魏晉北朝河西走廊的民族結構與社會變動》　蘭州大學
　　　　2012屆碩士學位論文

陳琳國　〈休屠、屠各和劉淵族姓〉　《北京師範大學學報》（社會
　　　　科學版）2006年第4期

周偉洲　〈資虜與費也頭〉　收入《文史》第23輯　北京市　中華書
　　　　局　1985年

羅　新　〈王化與山險──中古早期南方諸蠻歷史命運之概觀〉
　　　　《歷史研究》2009年第2期

顧博凱　《文成獻文朝的政治及其在北魏歷史中的地位》　華東師範
　　　　大學2010屆碩士學位論文

蘇利嫦　〈試論北魏文成帝的文治政策〉　《大同職業技術學院學
　　　　報》2003年第1期

王仁磊　〈獻文帝拓跋弘與北魏封建化〉　《河南科技大學學報》
　　　　（社會科學版）2005年第1期

曹道衡　〈「河表七州」和北朝文化〉　《齊魯學刊》2003年第1期

何德章　〈北魏國號與正統問題〉　《歷史研究》1992年第3期

何德章　〈北魏太武朝政治史二題〉　收入《魏晉南北朝隋唐史資
　　　　料》第17輯（2000年）

何德章　〈北魏太和中州郡制改革考釋〉　《武漢大學學報》（哲社
　　　　版）1995年第3期

王萬盈　〈北魏制度轉型論析〉　《西北師大學報》（社會科學版）
　　　　2006年第5期

郝松枝　〈全盤漢化與北魏王朝的速亡──北魏孝文帝改革的經驗與
　　　　教訓〉　《陝西師範大學學報》（哲社版）2003年第1期

王永平　〈北魏孝文帝之南征戰略及其相關爭議考論〉　《學術研
　　　　究》2013年第3期

王永平　〈論北魏遷洛鮮卑上層之腐化及其原因〉　《學習與探索》
　　　　2010年第3期

王　銘　〈「正統」與「政統」：拓跋魏「太祖」廟號改易及其歷史書
　　　　寫〉　《中華文史論叢》2011年第2期

宋妍娟　《北魏州郡演變考論》　山西大學2005屆碩士學位論文

周偉洲　〈論魏晉南北朝時期北方的民族融合〉　《社會科學戰線》
　　　　1990年第3期

李　憑　〈北魏平城時代的分期〉　收入《2010年三晉文化研討會論
　　　　文集》

王　澎　《略論北魏軍事戰略重心的變化及全國防禦體系的構成》
　　　　鄭州大學2012屆碩士學位論文

唐長孺、黃惠賢　〈試論魏末北鎮鎮民暴動的性質——魏末人民大起
　　　　義諸問題之一〉　《歷史研究》1964年第1期

唐長孺、黃惠賢　〈北魏末期的山胡敕勒起義——北魏末期人民大起
　　　　義研究之二〉　《武漢大學學報》1964年第4期

唐長孺、黃惠賢　〈二秦城民暴動的性質和特點——北魏末期人民大
　　　　起義研究之三〉　《武漢大學學報》1979年第4期

（日）谷川道雄　〈北魏末的內亂與城民〉　收入劉俊文主編　《日
　　　　本學者研究中國史論著選譯》第四卷　北京市　中華書局
　　　　1993年

陶新華　〈北魏地方都督制補論〉　《求索》2004年第2期

徐美莉　〈北魏軍鎮長官多種官稱的歷史語境考察〉　《內蒙古社會
　　　　科學》（漢文版）2011年第4期

黃　河　《北魏監察制度研究》　吉林大學2010屆博士學位論文

錢　松　《〈魏書〉校勘札記》　《古籍整理研究學刊》2006年第3期

李智君　《邊塞農牧文化的歷史互動與地域分野——河隴歷史文化地
　　　　理研究》　復旦大學2005屆博士學位論文

黃壽成　《論北朝後期區域文化趨同及比較——東魏北齊與西魏北周
　　　　之比較》　陝西師範大學2005屆博士學位論文

劉成有　〈對北魏政權「認同實踐」的反思〉　《民族論壇》2012年
　　　　第10期

陳長琦、范兆霖　〈魏晉南北朝史研究三十年〉　《史學月刊》2009
　　年第10期

王　旭、俞　悅　〈近年來美國黑人的郊區化與居住區隔離〉　《廈
　　門大學學報》(哲社版) 2004年第2期

王　蕾　《美國城市黑人的居住模式研究（1960-1980）》　華東師範
　　大學2009屆碩士學位論文

史學研究叢書·歷史文化叢刊 0602016

北魏前期叛亂研究

作　　者	董　剛
責任編輯	林以邠
特約校對	林秋芬

發 行 人	林慶彰
總 經 理	梁錦興
總 編 輯	張晏瑞
編 輯 所	萬卷樓圖書股份有限公司
排　　版	林曉敏
印　　刷	百通科技股份有限公司
封面設計	百通科技股份有限公司

發　　行　萬卷樓圖書股份有限公司
　　　　　臺北市羅斯福路二段 41 號 6 樓之 3
　　　　　電話 (02)23216565
　　　　　傳真 (02)23218698
　　　　　電郵 SERVICE@WANJUAN.COM.TW
香港經銷　香港聯合書刊物流有限公司
　　　　　電話 (852)21502100
　　　　　傳真 (852)23560735

ISBN 978-986-478-415-8

2020年12月初版一刷

定價：新臺幣300元

如何購買本書：

1. 劃撥購書，請透過以下郵政劃撥帳號：
   帳號：15624015
   戶名：萬卷樓圖書股份有限公司

2. 轉帳購書，請透過以下帳戶
   合作金庫銀行 古亭分行
   戶名：萬卷樓圖書股份有限公司
   帳號：0877717092596

3. 網路購書，請透過萬卷樓網站
   網址 WWW.WANJUAN.COM.TW

大量購書，請直接聯繫我們，將有專人為
您服務。客服：(02)23216565 分機 610

如有缺頁、破損或裝訂錯誤，請寄回更換

國家圖書館出版品預行編目資料

北魏前期叛亂研究/董剛著. -- 初版. -- 臺北
市：萬卷樓圖書股份有限公司, 2020.11
　　面；　公分. -- (史學研究叢書. 歷史文化叢
刊)
ISBN 978-986-478-415-8(平裝)

1.北朝史

623.61　　　　　　　　　　　　109018132